南无本师释迦牟尼佛

中论释

显句论

月称菩萨·著

索达吉·译

西藏藏文古籍出版社

图书在版编目（CIP）数据

中论释·显句论 / 索达吉译．-- 拉萨 ： 西藏藏文古籍出版社，2020.12（2021.4 重印）

ISBN 978-7-5700-0529-1

Ⅰ．①中… Ⅱ．①索… Ⅲ．①中观派－佛经②《中论》－注释③《中论》－译文 Ⅳ．①B944.1

中国版本图书馆 CIP 数据核字（2021）第 006991 号

中论释·显句论

译　　者　索达吉
责任编辑　次　巴　郭晓斐
出　　版　西藏藏文古籍出版社（拉萨市色拉路 4 号）
　　　　　邮政编码：850000
　　　　　打击盗版：0891-6930339
印　　刷　三河市腾飞印务有限公司
经　　销　全国新华书店
开　　本　16 开（710×1 000）
印　　张　20.75
彩　　插　2 页
字　　数　240 千
印　　数　6,001—11,000 册
版　　次　2020 年 12 月第 1 版
印　　次　2021 年 4 月第 3 次印刷
标准书号　ISBN 978-7-5700-0529-1
定　　价　55.00 元

译序

用“光阴似箭”来形容时间飞逝再贴切不过。不经意间，从这部论著的最初执笔翻译到如今完稿，经历了八个春秋：2011年开始翻译，到2013年译完前21品，之后隔了两年多，2016年才完成全论的初稿；2017年开始校对；2018年4月第二次校对；同年12月进行第三次校勘，于2019年2月19日圆满。

真正诠释佛陀二转法轮密意的，是龙猛菩萨开创的中观宗。无论是中观六论还是中观三论，最重要的核心都是《中论》。而真正解释《中论》意趣的，就是月称论师撰著的抉择其意义的《入中论》和明示其词句的这部《显句论》。

在翻译此论的过程中，我感慨良多。印度大德所做的注解，风格独特，没有科判，前后跨度大，词句比较难懂，再加上本论意义甚深，有时遇到难以理解的内容，就像开车遇到塌方一样，实在不易逾越，需要参考很多相关资料、不同版本，反复研究，慎重考虑，才能有所进展。记得有一次和一位堪布通电话，他问我在干什么。我说在翻译《显句论》。他说：“翻译这么深的论典没用。没有人看的，你在浪费时间。”时不时有人这样泼冷水。然而，我始终没有放弃，也正是这种坚持，才有了这个译本的问世。

在过去，藏地大多数人十分感念前辈译师班智达的恩德，因为是他们留下了无价的精神财富，让后人可以尽情享用，而且古人是用金银祈请译师翻译的。现在完全不一样了，很多人将注意力都集中在经济上，不用说以黄金白银来劝请，就是能提供顺缘、给予正面支持的人也很少见。无论是讲课还是翻译，即使你正确讲了一百句、正确翻译了一百句，人们也不会赞叹和感激，但哪怕只有一句讲错了或译错了，人们也会站出来批评和攻击……

我之所以选择翻译经论，一是因为我喜爱，二是我自己深深领受到这些法的殊胜，非常想和大家分享，希望更多有缘人能够从中受益，希望这些珍贵的法宝能够广泛弘扬开来，代代传承下去。

无论如何，翻译完《显句论》，我感到十分欣慰，这也圆了我多年以来的一个梦。愿它对每一个想领悟般若深义的人有所饶益！

索达吉
2020.12.21

目录

中论释·显句论[1]

月称菩萨 著
索达吉 译

梵音：莫拉玛雅达莫嘎哲德札三那巴达那玛

藏音：哦玛匝为追巴策萨瓦

汉意：中观根本慧论释·显句论

顶礼圣者文殊童子！

不住二边处，得生佛慧海，
妙法藏深性，随证以悲宣。
其以见解火，焚今异教薪，
驱除世间中，一切意黑暗。
无二智语箭，天等所化域，
三界胜妙方，无余摧有敌。

1　藏文原文中没有标注“第一　观因缘品”，属原文缺失。故本译著也未对此进行标注，仅在页眉处予以体现；此部分的内容涵盖了“第一　观因缘品”的内容，在开篇语处予读者明示此情况，但不意指开篇语的内容属于第一品，请知悉。

顶礼龙树已，开显彼颂释，

简易妙声律，寻思风未搅。

“诸法不自生，亦不从他生……”即是所讲之论。

若问：此论的关联、所诠、必要之必要是什么？

依照《入中论》所说之理，首先初发心、以无二智慧庄严、以大悲心为前提、成为生起如来本智之因，最终无谬通达般若波罗蜜多的龙树阿阇黎为使他众领悟，以悲心造论，这是论之关联。作者自己宣说了所讲的全论之所诠义及必要，通过无误阐释所诠义及必要而说明殊胜性。接着对与其本体无别安住的尊贵上师如来顶礼，作为造论之因：

不生亦不灭，不常亦不断，

不一亦不异，不来亦不去。

能说是因缘，善灭诸戏论，

我稽首礼佛，诸说中第一。

缘起以不灭等八种差别为特点，即是本论的所诠，涅槃具足善灭一切戏论寂灭的法相，这是说明此论之必要。“我稽首礼佛，诸说中第一”是讲顶礼。

这是以上两颂的总义。

再分析支分义——缘起：“札德”是接触之义。“俄德”是去之义。带有达雅后加字“札德达雅”是接触或观待之义，因为词根变形使得全义改变。如云：“以于变形故，词根义皆转，恒河水虽甜，海水令同彼。”

“萨莫巴达”是产生之义，所以“萨莫巴达”为“起”。万事万物的产生观待因缘即是缘起之义。

另有论师讲解：“札德”是重复之义，“俄德”是去，即行进与坏灭。“俄达雅”是可去。如此达雅是对它补充的后加字，这般分开解说。由此说明一切具有各自去、灭之法的产生就叫缘起。

按照他们的观点，经中所说：“诸比丘，当为汝等宣说缘起，谁见缘起，彼见法……”因为在此等情况下会有重复的意思，还有省略词，所以分开解说为好。

但实际上，“依靠眼、色产生眼识”，在此等情况下是直接承认“依靠眼、色”的义差别。如果承许有一个眼根的因也产生一个识，那么“缘”怎么会有重复之义呢？接触的意思是遇到后产生，就是“缘起”，也有这种没有直接说义差别的缘起，也有直接说义差别的缘起，如云：“依靠眼、色，眼、色接触，观待眼、色。”

如果“俄达雅”一词是辅助的后加字，那么“依靠眼、色产生识”，这里“札德达雅”一词并不是略虚省文，所以没有省略词。为此还值得分析。如果说依靠眼、色产生眼识，实际也并不是那样，因此应当分别解说，有“拉雅布”后加字的才是略虚省文。

有些论师说：依缘而起，因为“缘”的变形是重复之义，“依”是接触之义，“起”是产生之义，因此依缘而起，就是接触而生。

另有论师说：具有各自分别坏灭的产生就叫缘起。

这种跟随别人观点进行驳斥，我觉得并不擅长跟随别人。为什么呢？将依缘而起讲成有接触之义，其实“缘”并不是重复之义，“依”也不是接触之义。那是什么？“缘”是接触之义，“依”是去之义，可以说依、缘合起来就是接触。

现在讲解接触而生就叫缘起的缘起一词，假设是承许认定凡是存在的法时，那么因缘聚合彼彼接触后产生，就是缘起，与重复有关系。然而在分别认定时，如“依于眼、色产生眼识”，就与重复不相关。可见，有些论师并不擅长跟随别人的观点。

如果有人驳斥：那也不合理，因为所谓“依靠眼与色产生眼识”并没有两种意义。

这种反驳也不合理。为什么呢？因为没有列出“如何没有两种意义”的理证，只是立宗而已。

还有人说：由于识并非色法，不会与眼接触，显然只有色法才有与某法接触的情况。这种观点也不合理，因为所谓“此比丘得果”是承认接触，“接触”一词也是“观待”的异名，再者关于缘起一词，龙树菩萨也亲口说过有接触之义，如云：“依彼彼而生，自有实无生。”所以说有这种过失也不合理。

那么，缘起是何义？如云：“有此故此起，此生故生此”，具有此缘本身之义就是缘起的意义，将这安立为自宗。

那也不合理，因为没有阐述所谓缘与起两个词一一的意义差别并认为已分别解说了。

如果承许说：如“静处的中心”等，承许以不可分割的词来称呼。

驳：那也不合理，因为关于缘起一词，龙树菩萨亲口说过“依彼彼而生，自有实无生”与支分义相关联。

那么缘起到底指什么呢？有此故此起，可以用“如有短则有长”来讲解，与短相关、依于短、观待短才有长。为此，承许那种驳斥不合理。广述得可以了。

对此，世尊完全指明诸法的产生观待因缘，遮破了诸法由无因生、一因生、不同因生，自生、他生、共生。由遮破它们而依世俗如何存在而宣说了一切世俗万法的自本体。

现在宣讲，由于缘起世俗自性不生，故观待圣者智慧，从“不灭”至“不一亦不异”之间，以不灭等八种差别为特点。泯灭故为灭，即刹那毁坏，称为灭。产生故为生，是指本性的有实法。中断故为断，即相续中断之义。常，指永恒，“何时何处都存在”之义。到来故为来，是指从远处来到近处。去往故为去，指从近处去往远处。异的意义是不同，各别义的意思。既是意义也是一体，所以说一义，就是不异、无别之义。

关于缘起为何无有灭等的道理，全论将予以阐述。

虽然缘起有无量特点，但只列举了这八种的原因是，只有这些才成为主要辩论的支分。在如实照见缘起如何存在的圣者所见前，灭除所诠、能诠、法相、名相等一切戏论，所以善灭诸戏论是指缘起真如善灭戏论。于此，心与心所之运转也不存在，远离能知与所知名言，无余远离生、老、病、死等一切损恼，故为寂灭。通过所说缘起指明宣说者的殊胜性，承许诸说中第一。不生亦不灭，不常亦不断，不一亦不异，不来亦不去，能说是因缘，善灭诸戏论，我稽首礼佛，诸说中第一。

因为作者已通达所说的缘起，照见它唯一是如来才能无误宣说，并通晓外道所有学说与凡夫胡言乱语相同，随之龙树菩萨怀着极大的诚信，再次赞叹世尊殊胜说“诸说中第一”。

于此先破灭（藏文是“不灭亦不生”）[1]，是为了说明生与灭并无前后安立。本论将要讲道“若使先有生，后有老死者，生则无老死，不死而有生”。所以，没有“生在前、老死在后”的固定性。

阿阇黎龙树菩萨宣说了缘起以无灭等八种特点超胜，考虑到破了生便很容易遮破“灭……”所以首先开始破生。

生，按照他宗遍计，不外乎自生或他生或共生或无因生，下面说明这一切承许都决定不合理：

诸法不自生，亦不从他生，

不共不无因，是故知无生。

其中“诸”，是依存词，是泛指所有的异名，“何处”也是依存词，是任一的异名。“何时”是任何时候之义（藏文中有任何法何时何地之义）。所以

1 编者注：文中以括号形式出现的内容，是译者为了便于读者更好地理解本书所补充。括号内比正文字号稍小的文字，是对个别专业术语的解释说明。

说，任何法不管何时何处，永远也不会从自己产生。其余三种立宗也可同样类推（何时何处也无他生、共生、无因生）[1]。

有人会问：假设已认定不是自生，那不就是承认他生了吗？

答：并非如此，因为承认“无遮”，故也遮破了他生。关于不是自生的理由应当从《入中论》中所说“由彼生彼无少德，已生复生不合理……”来了解。

佛护论师也说：“诸法不自生，因为彼等生无义故、极过分故，自本性已有之诸法再生无有必要，如果已有还生，那么永远也不会不生（即永远要生）。”

对此，有些论师指责说：“那是不合理的，因为没有讲明因（即理由）和比喻，没有遣除别人所说的过失，是应成之词，为此原文的意义应该反过来建立。与所立法相反的意义很明显就成了诸法从他生，生就成了有果，生也成了有穷尽，所以与你们的宗派相违。”

驳：在我们看来，这些过失均不合理。怎么不合理呢？对方说“没有讲明因和比喻”，那不合理，为什么呢？所谓“自生”已经说明“已有”，就是因，它就是指本身已产生。显而易见，有了还生无有必要，也成了无穷，你们也不承认已生再生，也不承认无穷生。为此，你们的辩论不合理，与你们自己的承许相违。这是对承许自生的对方进行反驳。如果以列出因与比喻、成了有果这些进行辩论，不能使对方承认。或者，以与对方自己的承许

1　编者注：文中以括号形式出现的内容，是译者为了便于读者更好地理解本书所补充。括号内容与正文字号相同的文字，是因藏汉行文方式有异，译者为连贯前后文所添加。

相违来辩论，还是不能遮止他们的观点，那么当时无有惭愧者用因与比喻也遮止不了，我们也并不是与疯子一起辩论。所以，龙树菩萨说：对于非处也用比量，那显然是他自己喜欢比量。如若是中观宗，那么运用自续比量也不合理，因为他宗并不承许。关于这一点，圣天也说："有非有俱非，诸宗皆寂灭，于中欲兴难，毕竟不能申。"《回诤论》中也说："设我有立宗，故我有彼过，我无立宗故，唯我无过失。设若现量等，少许有可得，建立亦当遮，无彼我无过。"

在中观宗不讲自续比量时，数论派立宗的这种意义到底指什么？所谓"自生"，是由果本性中生还是由因本性中生？结果会变成怎样呢？假设是由果本性中生，那么就是证成已成，如果是从因本性中生，就成了相违之义，因为他们认为一切具有产生的法就绝对是在因本性中存在而产生。数论派会进行反驳，对此怎么能运用"内处无自生"的自续立宗呢？对我们来说，又怎么会有"证成已成、相违之义"，为了断除证成已成、相违之义而进行努力，讲"已有之因"呢？为此，我们不会有他宗所说的过失。所以，佛护论师并没有讲他的答复。

再者，按照中观宗的观点，宗法、因与比喻均不成立，由于不讲自续比量，故虽然不是用建立破自生的立宗之义及双方成立的比量来遮破他宗的立宗，但必然要指明对方立宗与他们自己的比量相违。而自宗必须做到远离宗法等、因、比喻的过失。

如果认为：由于没有讲自续比量、没有遣除其过失，因此就成了那种过失。

驳：其实并非如此，为什么呢？因为作为立宗者建立某种意义无非是想按照自己确定的那样让别人生起定解，因此通过什么方式领会这种意义的理由，必然要向对方说明。所以，自己承认的立宗之义的能立依据绝对不会是由对方所安立的，这对他宗来讲也不是因，由于没有因和比喻故自己立宗之义的能立依据只是跟随自己承许安立的。由此，承认非理的宗法只会欺骗自己，并不能让别人生起定解。自己立宗的能立依据也就无有能力，这就是对此观点十分明显的驳斥。在此，讲述以比量有妨害有什么必要呢？

再者，确定无疑要讲以自比量相违。关于那一点，佛护论也宣说了。如何说的呢？

佛护论师说："诸法不自生，因为彼等生无义。"其中"彼等"认定是以自本性存在的法。为什么呢？以自本性存在的法，再生没有必要，这是简略安立的论式，是他注释的论式，此论式具足他宗共称的同法喻、所立法以及能立法。所谓"以自本性存在的法"，这是认定所立法（藏文中是因）。生无义故，这是认定因。例如："声音无常，所作无常故。所作无常是可见的，犹如瓶子。同样，声音也是所作，因为是所作故是无常。"如同明显所作因一样。此处也可说：诸法不自生，因为自本性已存在再生无义，如同明现在面前的瓶子等，自本性已经存在也就不观待产生。

如果认为，在泥土等阶段，自本性存在的瓶子等已有，那么当时自本性存在的它就不会再产生。这样运用明显所作的因也能遮破产生，仅以自本性存在说明数论派自身比量相违。所以，他们的观点不合理。怎么能说"没讲因和比喻的缘故"呢？其实并非没有讲因和比喻，也不是没有遣除对方所说的过失。为何这么说呢？

数论派不承认前面存在的明现瓶子的自性还要再明现，此处它成立是比喻的本体，只是遮破成为有功用的本体、不明现的自性产生，以此作为差别是所要建立的，又怎会担心证成已成的宗法过失或者因相违之义呢？为此，如果以自比量来说明对方观点的相违，也没有所说的过失。所以不存在没有遣除对方所说过失的情况。要知道，这些反驳是无关的。所谓“瓶子等”的“等”字已承许无遗涵盖了产生的有实法，因此氆氇等也并非成了不定。

或者，这种论式有另外解释：与说自生的士夫没有不同他体的诸法都不是自生，因为自己的本性存在，如同士夫，这是讲比喻。

假设说：以破生对于声称“明现”的宗派并不能造成妨害。实际上，生一词是对明现安立的，因为同样是前面不可得后面可得，故生就是说的明现本身。所以遮破它不能妨害。再者，既然没有所说意义的能诠，怎么会得出这样的分析结论呢？

驳：这些意义的论式，有着重大意义，是总集所说内容运用的。如此解说，能道出所说之义的本性，所以对此不可能丝毫不宣说。

回遮应成之义也与对方（指数论派等外道）相关，而并非对我们有关，因为自宗无有立宗，故我们怎么会与立宗相违呢？我们只是通过回遮过失来承认对方有那么多的过失，因此凭什么对此有机可乘呢？追随龙树菩萨无谬宗轨的佛护论师，怎么会有让人有机可乘的言语呢？既然说无自性派要证明说有自性的太过，那么回遮太过的意义怎么会成为太过呢？所有言词并不是像棍棒与羂索一样令说者不由自主，那么它是指什么？它是有功用的，就是随着说者想表达的观点，所以证成太过，只是遮破对方立宗的结果，并不会变成回遮应成的意义。龙树菩萨也说：“空相未有时，则无虚空法，若先有虚空，即为是无相。”又言：“离色因有色，是色则无因，无因而有法，是事则不然。”还讲道：“涅槃不名有，有则老死相，终无有有法，离于老死相……”基本上都是通过证明太过的途径驳斥他宗。如果能了达龙树菩萨的论式都是切合实义的论式而有重大意义，有诸多论证的因，那么为何不能对佛护论师的论式，也这样完全通达呢？

如果说：即便如此，但这样详细讲论式，是解释者的做法吧。

驳：也并不是那样，在造《回诤论》的注释时，龙树菩萨也并没讲论式。

此外，这只是说明寻思者极为精通因明论。要知道，按照承许中观见解而言，凡是讲自续的论式就是诸多极大过失聚集之处，为什么呢？在此论证：胜义中内处决定无自生，因为已有，如已有的识。

于此为何要加所谓“胜义”的鉴别呢？

假设说：因为承许世间世俗中产生并不是所破，即使遮破，也会以承许有妨害。

驳：这并不合理，因为自生在世俗中也不被承许，如经（《稻秆经》）中说：“由种子之因出生之苗芽若产生，则非自造，非他造，非共造，非自在天造，非以时间转变，非由极微尘中生，非由自性生，非由体性生，非由无因生。”又如（《方广庄严经》）云：“如有种有芽，是种彼非芽，亦非他外法，不常亦不断。”本论中也说：“依何生何者，彼者非彼性，亦非彼外者，不断亦不常。”

如果对方说：观待他宗而作鉴别。

驳：那也不合理，因为他们的安立在世俗中也没人承认。那些没有无误现见二谛的外道，觉得只要通过两方面来遮破，就是功德。由此可见，观待他宗说鉴别也不合理。

如果对方又说：观待世间人加鉴别是有实义的。

驳：世间人也不知晓自生，因为世间人没有所谓自生、他生等的概念，他们只知道由因生果。龙树菩萨也是如此安立，所以肯定地说“一切情况下加鉴别都没有意义”。

此外，假设承许世俗中破生而加上鉴别，那么对你们自己来说，就成了所诤事不成立的宗法之过或所诤事不成立之因的过失，因为自宗不承许胜义中有眼等处。

对方说，世俗中眼等存在，所以无有过失。

那么，所谓“胜义”是什么的鉴别？

对方又说：在胜义中破眼等一切世俗法产生的缘故，说胜义是破生的鉴别。

驳：如果这样，那就成了说“眼等所有世俗法在胜义中无生”。可是也没有那样说。即使说了，但由于对方承许眼等实有、不承认假有，故对他宗而言就成了所诤事不成立之宗法的过失，所以这种观点不合理。

对方说：诸如说“声音无常”是认定法与有法二者总的体性，而不是差别法，如果认定差别法，那就成了无有比量与所比量的名言。假设认定是四大种所执受的声音，那么在对方前就不成立。如果（像裸体外道一样）执为它是虚空的功德，那么在我们佛教徒前就不成立。同样，有部宗立宗“声音是无常”，但如果执为是所作的声音，那么在他宗前不成立。如果是明显所作，那在自宗前不成立。同理，灭也是一样，假设认为灭有因，那在我们佛教徒前不成立。如果认为灭无因，那在对方前不成立。对此只是认定法与有法的总相。同样，此处也只是认定除开差别法的有法。

驳：也并非如此，这里绝对是承许破生作为所立法的时候，也就不会有它的所依有法——仅以颠倒得到有实法的“我”，这是你们自己承认的。颠倒和不颠倒是不同的。所以，就像有眼翳者见毛发等一样，因为颠倒错乱才将本不存在的执为存在，又岂能得到毫许存在的事物？无眼翳者，无误决定毛发等不真实，不会增益它存在，谁又会得到毫许世俗中不存在的事物呢？所以，龙树菩萨也亲口说：“设若现量等，少许有可得，建立或遮遣，无故我无过。”正由于颠倒与不颠倒是不同的，故不颠倒的阶段没有颠倒，所以，所诤事不成之宗法的过失及所诤事不成立之因的过失不可避免，所以你们的这种答复并不正确。

比喻也不相同。既然也有不承许声音的总法及无常本身的总法别法两种情况，那么同样说眼之总法既是空性又不是空性，这显然在世俗中谁也不会承认，当然也不是在胜义中，所以也没有相同的比喻。表明所诤事不成立之宗法的过失的道理，也可用于说“已有之故”的这一因不成立的过失。

实际就是如此，所说的这一意义是指寻思者自己承认的，他们是如何承认的呢？内处能生因等是绝对存在的，因为是如来宣说的。如来所说即是如此，如云“涅槃寂灭”对于他宗运用的这一依据，请问你们承许因的意义到底是什么？是指因为如来是在世俗中说的还是在胜义中说的。假设是在世俗中，那么对自宗来说因的意义不成立。如果是在胜义中，则“何时法不成，有无二俱故，尔时即破果，有无二俱性。何谓能立因，若尔不合理”。那就是说“绝对不是能立的因”，这是论式的意义。由于胜义中所立、能立不成立，为此“因不成的意义及相违的意义”是说明此种过失。正因为依靠自己的这种道理承认因不成立，所以有实法运用因的一切比量，由于因等在自宗前不成立，故将失毁一切能立。

在胜义中内处不是从它们的他缘中产生，因为是他法，如同瓶子。或者，胜义中能形成他宗承许说的眼等内处决定不是缘，因为是他法，如同氆氇……所谓“他性”等在我们自宗前是不成立的。

对于他宗所说“内处绝对生，因为具有彼等之对境的名言作为差别”这一因，我们认为不成立，也就是说，如果建立“胜义中瑜伽师如实见到诸法真实性的入定慧眼面前有生有去等，那么就具有他们境界的名言作为差别的缘故”这一因不成立的意义。去也绝对是通过破生来遮破的。同样可推，自作的能立也是，所说“胜义中未去无有去，是道路之故，如已去之道路”的这一推理是运用道路本身不成立的因。“胜义中，有依眼不见色，是眼根之故，如同相应根”“如是眼不见色，因为是大种所生，如同色；地不是坚硬之本体，是大种的缘故，如同风”诸如此类，这些理由在（中观自续派）自宗前成立。所谓“已有故”按对方的观点，内处存在故，如同已有之识，不是自生，或者“如瓶子等自生”，是不定的。

假设说：瓶子也等同所立的缘故并非不定。

驳：并不是那样，因为没有那么说。

假设说：如同对他比量所说的过失一样对自比量也应成有这样的过失，为此难道不是成了所诤事不成立、因不成立等的过失吗？既然对两方面都成了过失不应该只破一方面。因此，这些过失一律不合理。

驳：对于说自续比量者成了过失，但我们不运用自续比量，因为比量只是破他宗立宗的果。如此分别所谓“眼见他法”也就是承许眼不见自本性之法，如果不存在见他性的法，那也就是承认了它不生。任何法不存在见自本性，它也就不存在见他法，如同瓶子。眼也是不见自本性，因此也不存在见他法。与不见自本性相违的见蓝色等他法，是与自称比量相违。这是以他宗前成立的比量进行遮破。应当以比量说明这一点，凭什么成了等同的过失，而我们自宗岂能牵扯所说的过失。

若问：对任意一者前都成立的比量也会以比量有妨害吗？

答：有，那也是因为在自己前成立的因，而不是在他宗前成立，因为这在世间中可见。世间中，有时裁判以辩方与反方双方作为正量的词句来决定胜负，有时只是以自己的言词决定，而不是以他方的言词决定胜负。世间中是怎样，在理证前也是同样，因为世间名言契合运用于理证的论典。所以，有些人随着他人共称，并没有比量的妨害，因为是想要破他宗的共称而说的，是对双方说决定为建立或遮破，而不是对任意一者说成立或怀疑，那也应该是承认依靠世间名言安立来说明比量的这一道理。

以教证有妨害，并不是绝对在双方前均成立的教证，那是什么？也就是在自己前成立的。自利比量都是自己坚定成立的，而不是双方前都成立。因此讲述寻思者的法相没有必要，因为诸佛都是以自宗如何共称的合理性来利益不知真实性的所化众生。广述的可以了，应该言归正传。

诸法也不是他生，因为他不存在。这也就是下文要讲的“如诸法自性，不住于缘中”，由于他性不存在，故也不是从他法产生。（《入中论》中云：）“若谓依他有他生，火焰亦应生黑暗，又应一切生一切，诸非能生他性同……”所以，关于破他生，当从《入中论》中了解。

佛护论师讲道：诸法无他生，否则就成了一切生一切。

对此，清辨论师反驳说：“那是应成的论式，如果遮遣了所立与能立，那么万法就成了自生或共生或无因生，以有些法产生有些法，所以与前面立宗相违。或者，也成了一切生一切，由此就成了无有建立与破斥。那就是意义不相关。”

驳：这也并不是意义不相关，这一点仅在前文中已经阐述了，并对他宗立宗的意义进行了驳斥，也就是破斥了。这是无有意义的，也不必再费力。

一切万法也不是共生，否则应成对自生、他生两方面所说的过失。因为自性和他性每一个都不具备能生的能力，下文要讲道“若彼此苦成，应有共作苦”。

诸法也不是无因生，否则会有下面要讲的“如若因非有，果因不合理”的过失，及《入中论》中所说“众生无因应无取，犹如空花色与香……”的过失。

佛护论师说：“诸法也不是无因生，否则应成恒时一切生一切。”

对此，清辨论师说："那也是应成的论式。假设明明遮破了所立与能立，真正承许了论式的意义，那时就成了诸法由因生、有时从有些法中产生生有些法、造作有果。"

驳：这种解说不合理，因为会有前面所说过失。

另有论师说：这不合理，因为前文已经答复了。

有人说："是因为要包括自在派等。"

驳：那也不合理，因为自在派所承认的所有观点都包括在自生、他生、共生中。

由此证成无生。由于生不存在，所以缘起以无生等作为特点是成立的。

对此有人说，假设缘起安立以无生等作为特点，那么出有坏佛陀说："无明生诸行，无明灭行灭。"也说过："奇哉，诸行皆无常，生灭之有法，生已终灭尽，彼等寂灭乐。"又言："如来出世也好，如来未出世也好，诸法之法尔唯此安住。""令有情安住之法即一者，何为一者？四食。能护世间之法即二者，知惭、有愧……""由他世来到此世，由此世去往他世"都是讲缘起以灭为特点，如何不相违？

答：正是因为会听到"缘起有灭等"，所以龙树菩萨为了说明不了义与了义经藏的差别才撰著了这部中观论。宣说缘起生等，那些并不是观待远离无明眼翳之无漏智慧境界自性而言的。那是什么？是观待以无明眼翳丧失慧眼的心识行境。观待照见真如而言，世尊说："诸比丘，此乃胜义谛，即是无欺之有法涅槃，诸行是虚妄欺惑之有法……"又言："此乃真如或无倒真如，无有之此等法为欺惑之有法。此等是虚妄幻术欺骗凡愚。”日亲佛陀言：“色如聚沫，受如水泡，想如阳焰，行如芭蕉，识如幻术。”如是“比丘，若发起精进、具足正念正知，昼夜妙观察正法，则将证得善灭诸行之寂灭果位、诸法无我……”有人不知佛法的密意，对此心想真实义的佛法是什么？有密意又是指什么？满腹怀疑；还有智慧浅薄者将不了义法理解成了义。正是为了通过理证、教证来遣除这两种人的怀疑和颠倒认识，龙树菩萨才造了此论。其中说“不自生”等是讲理证。“如佛经所说，虚诳妄取相，诸行妄取故，是名为虚诳。问前际先否？大圣之所说，本际不可得，生死无有始，亦复无有终（问前际先否？大能仁言否，轮回无始终，彼无前无后）。佛能灭有无，于化迦旃延，经中之所说，离有亦离无。”是讲教证。

《圣无尽慧请问经》云：“何为了义经藏？何为不了义经藏？为令入道所说之彼等经藏，名不了义；为入果所说之彼等经藏，名了义。宣说我、有情、命者、众生、人、士夫、补特伽罗、意生、意主、作者、受者种种语以及无主说为有主，彼等名不了义；宣说空性、无相、无愿、无行、无生、无起、无实、无我、无众生、无命、无补特伽罗、无主……解脱门，彼等名了义。当依此等了义经藏而不依不了义经藏。”《圣三摩地王经》中也说：“依佛说空性，知了义经别，说众生人士，知彼不了义。”所以，正是为了说明生等虚假之义，龙树菩萨才宣讲了缘起。正是为了说明生等不可能存在，诸法虚妄，龙树菩萨才撰写了此论。

有人问：如此一来，凡是虚妄就是不存在，结果不善业成了不存在，无有不善业也就无有恶趣，也不存在善业和善趣，由于不存在善趣和恶趣，故轮回不存在，结果一切造作不就成了没有意义吗？

解说：观待世俗谛而言，作为耽著这是真实的世间人的对治法，我们说诸法具有虚妄的意义，而诸位圣者丝毫也不见虚妄或不虚妄。此外，遍知诸法虚妄之义的佛陀前，也得不到有业有轮回，或者少许法有或无有。如佛在《圣宝积经》中言："迦叶，心者，遍寻不得，何法不得，彼即不缘。何法不缘，彼亦非过去，亦非未来，亦非现在。何法亦非过去，亦非未来，亦非现在，彼无本性。何法无本性，彼无生。何法无生，彼无灭。"其中有详细宣说。有颠倒者不通达诸法虚妄，觉得万法自性存在进而耽著，那是由对诸法执著真实而耽著的，进而也会造业，也会流转轮回，处于颠倒者也无有获得涅槃的缘分。

还有人会问：具有虚妄自性的有实法，都成了染污与清净之因吗？

答：是的，比如，虚幻的少女是不知其自性者的染污之因，如来的幻化成为积累善根者的清净之因。《佛说胜心经》云："善男子，譬如有者于幻师变出幻化时，见幻师所幻化之美女以贪欲缠心，心生畏惧，从座起而离去，彼去后于彼女子，观想不美、不净、无常、痛苦、无我。"其中有广说。《毗奈耶经》中也讲述了如同机器人所造机器美女不是真实美女一样，画师之愿望（他所绘之画）成为贪欲之因。与比喻相同，具虚妄自性的有实法也是凡愚的染污之因。

再有，《圣宝积经》中也记载："尔后五百获得禅定之比丘，于世尊所说法不悟入而不通达、不信解，从座起而离去。尔后世尊于彼等比丘所经路途中幻化两位比丘，五百比丘行至两位比丘所行路上，问道：'二位尊者，去往何处？'两位幻化比丘回答：'我等当去阿兰若安住禅乐中。'彼等问：'为何？'两位比丘答言：'世尊虽说法，然吾等于彼法义不悟入而不通达、不信解，惧怕，慌恐，极度慌恐，我等当于阿兰若安住禅乐中。’五百比丘说：‘尊者，我等也是于世尊所说法不悟入而不通达、不信解，畏惧，慌恐，极度慌恐，是故我等也当于阿兰若安住禅乐中。’幻化比丘言：‘诸位尊者，我等当真实去往，不必争论，无诤勤行，彼是沙门之法。诸位尊者，何为涅槃？何为成涅槃之法？此身之外，我或有情或命或生者或士夫或补特伽罗或意生或人何者成为涅槃？灭尽什么趣入涅槃？’彼等答言：‘灭尽贪、灭尽嗔、灭尽痴而趣入涅槃。’二位幻化比丘问：‘诸位尊者，贪嗔痴有否？何时灭尽彼？’彼等答言：‘彼等不在内亦不在外，无二亦不得，彼等亦不是由未思择中生。’二位幻化比丘言：‘诸位尊者，如此当不妄计不分别我，诸位尊者，何时不妄计不分别，尔时不成贪亦不成离贪。无贪亦无离贪，彼名寂灭。诸位尊者，戒乃不轮回亦不涅槃。诸位尊者，定、慧、解脱见、解脱智亦不轮回不涅槃。诸位尊者，若依彼等法说涅槃，则彼等法亦是空寂无取。诸位尊者，如此当断涅槃之想，于想亦不作想，当不以想遍知想，何者以想遍知想，彼即束缚想中。诸位尊者，汝等当入定于灭想、灭受之定中。诸位尊者，比丘入于灭想、灭受之定中外无有更上者。’说此法门时，五百比丘心无取解脱一切漏法。彼等心得解脱后到世尊前，顶礼佛足，居于一方。尔后须菩提问诸比丘：‘诸位尊者，去往何处？从何处来？’彼等答言：‘须菩提尊者，无所去往，亦无所从来故，尊者说法。’须菩提又问：‘汝等之本师是谁？’彼等答言：‘不生、不涅槃。’须菩提问：‘汝等为何闻法？’彼等答言：‘既非为束缚，亦非为解脱。’须菩提问：‘是谁调伏了汝等？’彼等答言：‘无身无心者。’须菩提问：‘汝等为何精进？’彼等答言：‘既非为断无明，亦非为生觉悟。’须菩提问：‘汝等为何解脱？’彼等答言：‘既非为行，亦非为断？’须菩提问：‘汝等是谁之声闻？’彼等答言：‘是无得亦无正等正觉之声闻。’须菩提问：‘同汝等之梵净行者是谁？’彼等答言：‘不游三界者。’须菩提问：‘诸位尊者，何时涅槃？’彼等答言：‘如来现示幻化时，即涅槃。’须菩提问：‘汝等有所为否？’彼等答言：‘为遍知我执我所执。’须菩提问：‘汝等之烦恼已灭尽否？’彼等答言：‘诸法永灭尽故。’须菩提问：‘汝等已降魔否？’彼等答言：‘蕴魔不可得故。’须菩提问：‘汝等已承侍本师否？’彼等答言：‘身亦不行，语亦不行，心亦不行。’须菩提问：‘汝等净治福田之地否？’彼等答言：‘无断无常之故。’须菩提问：‘汝等入于福田之地否？’彼等答言：‘解脱一切执著故。’须菩提问：‘诸位尊者，去往何处？’彼等答言：‘去如来幻化所去处。’如是须菩提提问，彼等比丘回答完毕，在场八百比丘心无取解脱一切漏法，三万二千含生于诸法获得无尘离垢、法眼清净。”可见，如来的幻化虚妄自性的两位比丘成了五百比丘的清净之因。

《圣金刚藏经》中也讲述：“文殊，譬如，依于燧木、燧垫及人手勤作产生烟，形成火，彼火既不住于燧木中亦不住于燧垫中，又不住于人手功用中。文殊，如是由无有中，愚痴士夫补特伽罗亦生贪嗔痴之忧恼，忧恼既不住于内亦不住于外，又不住无二中。文殊，然名愚痴。何故名为愚痴？文殊，愚痴者，即尽解脱一切法，故名愚痴。如是，文殊，诸法即有情地狱之门，此乃陀罗尼语。文殊白言：‘世尊，如何此是陀罗尼语？’佛言：‘文殊，有情地狱，是异生凡愚于无有之法颠倒建立。由自之妄念所生。’文殊白言：‘世尊，有情地狱真实集于何处？’佛言：‘文殊，有情地狱，真实集于虚空中。文殊，汝作何想？有情地狱由自之妄念所生或由本性所生？’

文殊白言：‘世尊，唯由异生凡夫自之妄念中想有有情地狱、旁生趣、阎罗世界，彼等于非有之法增益故感苦受。于三恶趣受苦。世尊，我不知有情地狱如何，如是不知有情地狱之苦。世尊，譬如，有人入眠，梦中想我已堕入有情地狱，彼处有铁锅，其内有众多士夫，铁水沸腾，想我也被放入其中。彼人感受难以堪忍的剧烈痛苦，彼人于其中倍感忧恼，害怕，畏惧，十分畏惧。彼人醒来，仍有余悸，一边叫“呜呼痛苦，呜呼痛苦”一边号啕痛哭，发出呻吟。尔后，朋友、亲人、血缘亲属问彼：“你为何这般痛苦？”他告诉彼等朋友、亲人、血缘亲属：“我感受了有情地狱之苦。我在感受有情地狱之苦，你们还问‘你为何这般痛苦’？”说着又一边号啕痛哭，一边指责彼等。彼等朋友、亲人、血缘亲属对他说：“莫怕莫怕，你是入睡，你在此舍宅未去何处。”他方忆起：“我是在睡眠，并非真实，我是妄计。”之后他得以安心。世尊，如彼入眠士夫于本非有之事增益而于梦中想自己已堕入地狱，如是，世尊，一切异生凡夫以非真实之贪欲束缚，于女人分别相。彼等于女人思择相而想我与彼等共嬉戏、共欢喜。彼异生凡夫作是想，我是男人，此是女人，此女人是我所有，以希求彼贪欲缠缚之心寻求享用，心转入。由其根源导致斗争、争论，战争。于彼性者怀恨在心。其以慢心以颠倒想，死时想死后我将于数千劫中于有情地狱感苦受。世尊，如朋友、亲人、血缘亲属告诉彼人“莫怕莫怕，你是在睡眠，汝于此舍宅未去何处”。如是世尊，诸佛出有坏亦为以四颠倒而颠倒之众生说法，此亦无女人，亦无男人，亦无有情，亦无命，亦无人，亦无补特伽罗，此等一切法皆是颠倒，此等一切法皆非有，此等法皆以颠倒而成，此等法皆如幻，此等法皆如梦，此等法皆如幻化，此等一切法皆如水月。如此，彼等听闻如来说法后通达诸法离贪，通达诸法离嗔、离痴、无本性、无障碍。彼等心安住于虚空境界中死去。死后即刻于无余涅槃法界中趣入涅槃。世尊，我是如是了知有情地狱。’”

《圣优波离请问经》中也云：“我说有情地狱怖，成千有情不厌离，死殁堕入恶途中，彼等众生永非有。利剑长箭兵刃出，能作损害亦非有，妄念所感彼恶趣，见落至身兵器无。种种欢喜花绽放，纯金妙宫倍悦意，于彼亦无少许作，彼等妄念所安立。妄念假立世间界，由执著想分凡愚，执与无执亦无生，遍计如幻如阳焰。”

所以，以上是说明以颠倒安立无有自性的有实法，是轮回中一切凡夫染污之因。关于虚妄自性的一切有实法如何是染污与清净之因的详细内容，当从《入中论》中了解。

对此有人说：假设诸法不是自生、他生、共生、无因生，那么世尊为何说“以无明之缘生诸行”？

解说：这是指世俗，而不是指真如。

若问：世俗的安立怎么讲呢？

答：只是以这种缘起假立而承许世俗成立，并不是从四边承许的角度而言，否则就成了说“诸法有自性”，而且那也是不合理的。如果承认仅仅是缘起这一点，那么由于因果彼此观待故本性就不成立，所以并非成了“诸法有自性”。为此，“寻思许痛苦，自作及他作，共作及无因，汝说是缘起”。本论中也会讲道：“因业有作者，因作者有业，成业义如是，更无有余事。”世尊也说：“彼法之表示就是此，有此此起，此生则生此，以无明之缘生诸行，以行之缘生识……”

对此，有人进行反驳：你们认为诸法无生的决定，是由正量生还是由非量生？假设承许由正量生，那么要讲讲正量有多少？法相是什么？对境是什么？它是自生、他生、共生还是无因生？如果是非量生，那不合理，因为证知所量依赖于正量。没有正量不能证知未证知的意义。无有正量也就不存在证知意义，那么你们的真实决定由何而成立？所以，说诸法无生不合理。再者，你们"诸法无生"的决定由何而成？由这个来成立也就是我们所说的"一切法存在"。再者，证成你们所说的"诸法无生"的这个决定，如果是真实性，那么也成了我们所说的"一切法产生"。如果你们没有认为诸法无生的决定，则那时连自己都还没有决定，不可能令他人通达。为此，造论成了无义。所以，没有遮破诸法是存在的。

驳：假设我们有少许所谓的"决定"，则要么是由正量生，要么是由非量生，实际都不存在。为什么呢？于此，如果有不定，则观待它就有了作为其对治的决定，实际上，何时我们始终都没有不定，又怎会有与之相违的决定呢？因为不观待其他相属法，如同驴角的长与短。既然无有决定，又怎么要说为了证成什么而思择正量及它们的数目、法相、对境、自生、他生、共生还是无因生？这一切都并不是我们要说的。

假设对方说：如果你们没有决定，那么你们的"诸法不自生，亦不从他生，不共不无因"的决定自性论式如何可得？

回答：决定的这个论式是自宗前成立的理由方面，在世间人前存在，而并不是指对于诸圣者。

若问：那是说圣者们无有正理吗？

答：谁说这个有或者无了？圣者们的胜义是一无所说，因此，对无有正理非理的他们而言岂有戏论呢？

若对方说：假设圣者不说正理，那么现在凭借什么让世人通达胜义？

圣者们不是以世间的名言说正理，但为了让他们领悟，亲口承认世间中共称的正理，由此使世人通达。例如，虽然身体具有不净物，但随颠倒而转的贪欲者并不这么想，虽然不真实，但他们增益为清净相而成为染污，为了使他们远离贪欲，如来的幻化或天人宣说此身体“头发……”先前以清净想遮覆的身体过患。他们也远离清净想，得以离贪。同样，异生凡夫也是以无明眼翳丧失慧眼，对万法自性颠倒认识，而圣者们是不缘一切的主尊。尤其有些人更为增益有些法而极其烦恼。如今应当理解圣者们所承许的“存在的瓶子不是由泥土等中产生，在已生之前已经有，也就不会再生，因为已有”。还应当理解他们所承许的“如同苗芽不是由火与碳等他法中产生一样，它也并不是由种子等中产生”。

如果认为：这是我们领受到的。

驳：这也不合理，因为这样领受实是虚妄，因为是领受，如同有眼翳者领受两个月亮。为此，领受也等同所立，因此对方反驳不合理。这是以他们的共称来让他们通达。

所以，诸法无生。如此作为特别颠倒增益其自性的对治而造了第一品。其后为了遣除有些特别的增益而造了其余品，因为缘起中也无有去者、所行所去等所有差别的意义。

如果认为在我们的论典中宣说了量与所量的世间名言，那么必然讲讲宣说它的必要。

有人认为：正由于寻思者宣说了颠倒的法相会毁坏它，因此我们要宣说真实的法相。

驳：这也不合理，假设世间中以恶寻思说颠倒法相就成了有颠倒的名相，那么精勤其义就成了有果。但事实也并不是那样，这种精勤无有实义。

此外，假设证知所量是依赖于量，那么那些量又依靠什么能肯定……由于没有断除诸如此类《回诤论》中所说的过失，因此能表明的法相本身也不存在。

再者，假设因自法相与总法相两者而说二种相，那么那两个法相存在于某法上的事相有还是没有？假设有，那么当时它们以外还有所量，结果怎么是二量呢？倘若无有事相，那当时因为无有所依也就不存在法相，结果又如何成了二量？下文要讲道“相法无有故，可相法也无，可相法无故，相地亦复无”。以此能表示，不是法相。那是什么？

如果认为：从能作来造作业而言这是所表示，因此是法相。

即使这样，但它本身不可能是所表示，能表示它的能作，它与作业是他体的缘故就成了那种过失。

如果认为：识是能作的缘故，它也归集于自己的法相范畴中，所以没有这种过失。

驳：在此如何依靠某法来表示某法，就像能作各自觉知地的坚硬、受的感觉、识的对境一样，如果本身的自本体与他法不共同，那就是自法相，那么抛开解说与共称相关的分别，承认建立作业及识是能作的本体，那就成了说自己的一个法相就是作业，自己的另外法相是能作的本体。假设识的自法相是能作，那么必然成了有个与它异体的作业存在。结果就成了那种过失。

如果认为：属于地等的坚硬等法相，是识所证知，那就是它的作业，它也不是与自法相异体。

驳：这样一来，它就是识的自法相，所以不成为所量，因为唯有作业之自性的自法相才是所量。为此，所量是两种，自法相与总法相。所谓“自法相少许为所量是以所表而言”“少许不是所量是以能表而言”仅仅这一差别需要讲述。

如果是建立作业，那么当时就必然有个作它的他法，如果认为一个其他的识是能作的本体，那就成了无穷的过失。如果认为有自证，是由自证认定它，所以就是作业，是包括在所量的范畴内。

驳：《入中论》中详细遮破了自证，所以说“自之法相由其他自之法相能表示，它也由自证能表示”是不合理的。

此外，识也不可能存在，因此与自法相他体不成立。如果事相不存在，那么无有所依的法相就无从谈起，因此何时何地都没有，又怎会有自证呢？《圣顶宝请问经》中云：“彼心真实不见故，遍寻所谓心由何生心之相续且思维彼是此，由有缘中生心。彼亦思维是此，所缘亦他法，彼心亦是他法，或所缘即是心。设若所缘亦是他法，心亦是他法，则彼心则成二法。设若所缘即是心，则以心如何见心，心不能见心，譬如剑锋不能割剑锋、指尖不能接触指尖，如是心不能见心。依此理可类推。心不住，不断，不常，不住、永恒，非无因，亦非与缘不违中生，亦非他生。亦非自性亦非他性（既不一亦不异）之心相续，心之藤，心之法性，心不住，心无因，心无现，无之自法相如何，真如不动如是知如是见，真如如实，心寂静。如是知如是见。善男子，此乃菩萨心随观念住清净行。”因此，自证不存在，由于无有自证，以某法能表示某法的其他法相与事相是他体还是非他体？假设是他体，那么由于与事相他体，故就不是法相，同时法相也就成了非法相，由于与法相他体，故事相也不是事相，事相不成事相。同样，由于法相与事相他体，故事相也就不观待法相，所以它就不是事相，因为不观待法相，如同空中花。如果法相与法相之事相是一体，那么当时由于与法相一体，故如法相自本性一样，就失去了事相之事相。由于与事相一体，故法相也不成法相的自性，如事相自本性一样。如云：“法相异事相，事相成无相，不异则彼等，无有汝明示。”除了自性与他性之外，成立事相与法相的其他方便也是没有的。本论将要讲道：“自性于他性，亦名为他性，离自性他性，何更得有法？”

如果说：那就成立是不可言说了。

驳：也并不是这样，如果不了达相互类别就成了“不可言说”，那么对任何法没有了达类别也不会肯定地说“这是法相、这是事相”的差别，法相事相二者也就不存在，所以也不成立不可言说。

再者，假设识是能作，那么肯定对境的作者是什么？无有作者也就不存在能作等，如砍伐之所作。

倘若思量心是作者，那也不合理，这样笼统见事物就是心王的所作，见事物的差别是心所的所作，因为承认“彼见义是识，彼差别心所”。能作等是通过建立本性之类的普通所作来建立主要的所作及成了支分本体的作业等，那么识与心二者，就没有主要本体的一个所作。那是什么？识的主要所作是肯定笼统的事物，肯定事物的差别是心的主要所作，因此，识不是能作，心也不是作者，有这种过失。

若认为“诸法无我”的教证中说作者何时何处都无有的缘故，虽然无有作者，但所作等名言是存在的。

驳：它也是不存在的，因为真实不可得这种教义，这一点在《入中论》中也已宣说。

再有，若认为：如同“上磨石之身”或者“罗睺罗之头”，虽然这两种事物没有不同的身与头的差别，但有差别与差别基的事物。同样，尽管与自法相不同的地等不存在，但就成了地的自法相。

驳：也并非如此，因为是不同的。身与头的名词如同心与手等一样是观待俱生的其他事物而运用的，所以生起单单缘身与头名词的心，心想是谁的身谁的头，对同时分析的他法就有了希冀。另一点，也想遣除与其他差别相属，所以随着世人的表示而行。如果以“差别磨石与罗睺罗的名词能去除证知者的希冀”合理，那么在此，由于与坚硬等他体的地等不存在，所以差别与差别者的法不合理。

假设说：外道承许事相是异体的缘故，在他们面前说差别无有过失。

驳：并不是那样，外道遍计的法与正理相违，自宗不该承认，否则就成了承许其余正量的过失。

此外，具有身体的所依作为差别，成为世间名言的支分，在不经观察的情况下成立，具所依的上磨石与具有头所依的能依者罗睺罗，如同人等假立一样存在，所以此比喻不合理。

假设说：仅仅它可得，身与头不同他体的其余外境不成立的缘故，比喻成立。

驳：并非如此，因为对世间名言不加分析，世间的万法在不经观察的情况下存在。如果进行分析，那么虽然与色等异体的我不存在，但依于蕴，在世间世俗中这是存在的，同理，罗睺罗与上磨石也是，所以比喻不成立。如若加以分析，那么地等也不存在与坚硬等异体的事相。与事相异体而无有所依的法相就不存在，但这在世俗中是存在的。为此，诸位论师从仅仅相互观待成立的角度而安立成立。

如果说：这无疑要按照真如承许，否则，世俗不就是具有合理性了吗？或者这就成了真如而不成为世俗。如果合理进行分析，则上磨石等并非绝对不容有。那指什么？如果以将要讲的理由承许，色、受等一切均不存在，所以它们也如上磨石等一样于世俗中是存在的，可事实并不是这样，因此这并不存在。以能依观察而安立，这一点在《入中论》中已广说，所以当从中探究。

如果认为：详细分析有何用呢？我们并不是说量与所量的一切名言都是真实，但是依靠世间共称的这一道理进行安立。

驳：对世间名言进行细致分析有何必要的说法，我们也是说，仅以倒世俗可得我的本体存在，成为积累引导欲求解脱者之解脱善根的因，这在没有证悟真如之前是存在的，但你们不精通胜义谛与世俗谛，在有些前运用理由并不合理，由此就失毁了它。我们精通安立世俗谛的缘故，站在世间方面，遣除世俗一方面运用的其他理由依靠另外理由能遮破，并按照世间长辈的观点那样。只是遮止失去世间法规的你们，而不是世俗。所以，假设是在世间名言中，则当时如法相一样事相也必须确定无疑，由此就成了那种过失。如果是在胜义中，那当时无有事相，也就不存在两个法相，结果怎会成二量？

如果说：我们不承许说所有名词都讲所作与作者相属为前提的差别。

驳：这是极困难的，你们仅仅以“所作作者之相属”运用的那些词作为名言，但又不承许所作、作者名词的意义。唉哟，可悲的你们只是依赖承许来运用。何时无有二所量，当时圣教等就不是自法相与总法相的有境，从这一角度而言就是其他的量了。

此外，由于不包括所谓“现量瓶子”之类的世间名言，而且是非圣者的名言承许，为此法相成了不遍，所以这种观点不合理。

如果认为：瓶子的近取蓝色等，是以现量所肯定，因此是现量。就像因取果名一样，如云“诸佛即生乐”。同样，具有蓝色等现量之因的瓶子也是果取因名，所以称为现量。

对这种对境取名不合理，在世间中可见生与安乐是不同他体，它也是有为法的法相自性，是千辛万苦的果，所以不是安乐，如果把它命名安乐，那么就是不相关的。所以如果对这种不相关的对境进行命名合理，那么所谓现量瓶子，就是以假立而说成现量，即另外一个非现量的瓶子也不可得。

假设说，与蓝色等异体的瓶子不存在的缘故成了假立的现量。

驳：这样太过于假立是不合理的，因为无有设施处，假立驴角的尖锐不合理。

再者，假设成为世间名言支分、与蓝色等不同他体的瓶子不存在，由此可知，它是假立现量，那么由与土等不同他体的蓝色等不存在，就该知道蓝色等也是假立的现量。如云："如除色等外，瓶子则非有，如是风等外，色亦非存在。"所以，诸如此类的世间名言不为法相所摄，因此法相不遍。

观待照见真如者不承许瓶子等与蓝色等这些是现量。只是在世间世俗中承认瓶子等是现量事物，如《四百论》云："若见瓶色时，非能见一切，见真者谁说，瓶为可现见。诸有胜慧人，随前所说义，于香味及触，一切类应遮。"

此外，现量的名词，是不隐蔽之义的能诠，根现前的意义就是根现量。就所谓根现前而言，瓶子与蓝色等一切非隐蔽法就成立是现量分，能肯定它的识，如草与禾秸之火一样具有现量之因，故可以称为现量。以根和根分开照了来说，可分别讲现量的名词。

如此一来，识就不是根的有境，因为是境的有境，所以分别解说不合理，不成为对境各自分开或外境各自分开。

如果认为：虽然识产生是依赖二法，但由于所有识随行于所依的明与弱，故如果它们改变，识也改变。眼识以所依本身指示，同样，虽然照了各个外境，但根与依于根而照了的识是以所依指明，因此成为现量，如同鼓声对青稞苗是以不共因指明，这是可见的。

驳：这与前者不同，诸如所谓色之识等，说明是对境的识，并没有指明六识的类别，意识是与眼识等同时存在于一个对境中的缘故。如果蓝色等的六识称为识，那么这个识是由有色根产生还是由意产生？有缘的一个识就成了意，如果是由所依指明，那么意识照了眼等识的对境，这也证明相互有差别。对此，只是承许欲说量的法相无分别就承许是现量，认为它与有分别存在着差别，为此以不共因指明不曾见有少许必要。涉入量之列是依靠其他所量的缘故，只是随着所量的行相得到自本体存在而安立量的自本体，为此丝毫不需要以根指明，何时何地应该唯以对境指明。

假设说：在世间对欲说的外境，以现量的名词共称，各自对境的词没有共称，因此唯以所依来分别解说。

驳：既然现量的这一词在世间中有共称，那么世间中怎样我们就怎样说。如果抛开世间的事实而另外讲别法，那就舍弃了共称的名言。所以，所谓“现量”不会成为这样。由于无有重复的意义，具有根刹那的一个眼识也不成为现量，若一一无有现量分，则多个也都不会成为现量，因为承认无分别识是现量，故由此也证明世间名言能作不存在，为此承许说世间量与所量之名言。所以思择为现量无有意义。

“具有眼识，了知蓝色而非思维蓝色”的教证也并不是指讲现量法相之义的时候。五根识在愚者前能显示的缘故，教证中也不是说只有无分别识是现量。所以这不合理。

假设事相或自法相或总法相任何一者在世间中存在，那么由于一切现量可得，故就不成为隐蔽分。所以，与它的有境识一起安立为现量。两个月亮等观待无眼翳者之识不是现量分，观待有眼翳者等是现量分。隐蔽的有境因、所立不错乱中所生之识是比量。以现量证知超越根的意义、可诚信的语言是教量。由相似中证知领受的意义，是近衡量，比如，认为野黄牛与黄牛相似。如是四量是为证知世间之义而安立的，它们也是相互观待而成立。如果有了量，才能形成所量的意义，有了所量的意义，它们才形成为量，而量与所量二者并非是本性成立。为此，依于人们如何所见，就承许是世间的所见。

广述得可以了，现在言归正传。

对此，佛教自宗的有些宗派说："万法非自生"是合理的，因为自生无义，"非共生"也是合理的，因为一个支分不具足（即自生不具足）。无因派，极下劣，所以破它当然也就合理。所谓"亦不从他生"不合理，为什么呢？因为世尊说过，"唯他法乃诸法之能生"：

因缘次第缘，缘缘增上缘，

四缘生诸法，更无第五缘。

其中，"能立是因"的法相，何法作为某法的能立，以种子本体而存在，那就是它的因缘。依靠某所缘产生要生的有法，所依靠的法即是所缘缘。等无间缘，是指因刚刚灭尽立即生果的缘，如种子刚灭即刻得生苗芽的缘。由其存在产生某法，就是增上缘。以上是四缘。还有先前产生、同时产生、后来产生等，这些都包括在这四缘中。自在天等并不是缘，所以可肯定地说"更无第五缘"。因此，是由这些他法中产生诸法，所以他生存在。

驳：诸法并不是由他法的缘中产生，原因是：

如诸法自性，不在于缘中，

以无自性故，他性亦复无。

假设作为果的有实法是由因缘等其他缘集聚或者各自分开或者集聚与各自分开二者同俱，或者因缘聚合以外某个他法产生，不管哪种情况，如果在产生之前已有，那就不是由它们产生。某法在产生之前也并不存在，假设已有，那么再有或者再生就成了无义。为此，诸法的自性并非存在于缘等中。既然自性不存在，那就无有他性。他性的法由他生也就不存在。所以，“诸法从他生”这一说法不合理。再者还有无因的过失，作为苗芽等果法的自性，在种子等不变的自性存在时，是不会有的，因此如何观待缘成为他性呢？慈氏与近密存在的二者才成为相互观待的他体，而种子与苗芽二者不是同时存在。如若一切果的自性不存在，那么种子等也就不存在他体或他性。正因为绝不可说他法，故就不是他生，所以“诸法从他生”的这种说法不合理。

可见，他宗并没有理解教证的密意，如来不会说与正理相违之语，教证的密意前文已经阐明。

以上是破声称由缘产生的观点。

再者，他宗说由作用产生，他们认为：眼、色等诸缘不能直接产生眼识，但能形成一种生起识的作用，所以称为缘，那个作用也就能生起识，所以有了产生识之作用的缘，才能产生识，而不是诸缘产生，比如，米饭依靠蒸煮的作用才能产生。

作非具有缘，无缘作不成，

无作则非缘，若具作可生。

驳：假设有个作用，那么眼等诸缘有了作用就会产生识，但实际上作用并不存在。怎么不存在呢？如果在此承许这个作用，那么请问它是在识已生还是未生还是正在产生时存在？它在识已生时存在不合理，原因是，倘若作用能形成有实法，那么有实法已经成立，又何需作用呢？这一点，《入中论》中“生亦复生亦非理……”已说明。这个作用在识未生时存在也不合理，“此生无作亦非理……”已说明。识正在产生时也不可能有作用，因为除已生与未生外的正生并不存在。如云：“正生半生故，正生非是生，抑或一切法，悉皆成正生。”由于三时都不可能存在产生的作用，所以它并不存在。因此说“作非具有缘”，谁也不会说石女儿具有黄牛。这一点在《入中论》中以“非离能别有所别……”已说明。

假设说：这样一来作用就不具有缘。

驳：这也不合理。

“无缘作不成”，在讲“作非具有缘”的时候，就是说作用不具有缘，就成了无因，实际上并不承认氆氇不是毛线的自性是茅草的自性。所以，作用并不是诸法的能生。

对方说：假设作用不存在，那么诸缘就成了万法的能生。

驳：“无作则非缘”。如果说作用不存在，也就是说缘离开了作用，不具有作用，无因怎么会是能生呢？有了作用才是能生。

若具作可生，结合“无作则非缘”。如果说作用不存在，那么诸缘怎么有作用呢？就像说是产生识的作用不存在一样，由此可知，炖煮的作用等，对万法而言也是如此。所以，诸法也不是由作用产生。因此，生的能诠实际也不存在。

对方说：“缘具作”等的这种分析对我们有何必要呢？反正依靠眼根等缘产生眼识等法，所以眼根等就是缘，眼识等一切也是由它们产生。

驳：这也不合理。

因是法生果，是法名为缘，

若是果未生，何不名非缘？

假设是因为依靠眼根等众缘生起眼识才将这些称为它的缘，那么在没有产生“识”果法前，为何眼等这些不是非缘呢？我想应该是非缘，就像从沙子中不可能出芝麻油一样，非缘也不会产生果。

如果对方承许说：先前是非缘，观待另外一个缘就变成了缘。

驳：这也不可能，如果某个法是这个法的缘，那个缘也有个其他缘，对此也进行同样分析。所以，这种观点不合理。

此外，如果觉得眼等这些就是识的缘，那么观察它是存在之法的缘还是不存在之法的缘？结果一切情况都不合理：

有果及无果，缘者俱不可。

为什么呢？

先无为谁缘，先有何用缘？

对于无有的法也就是不存在的事物来说，它们怎么会成为缘呢？假设说是以将要产生而言的。

事实并非如此，（《入中论》中）“若想当生而说者，既无功用无当生”已说明这一点。如果是以将要产生而说的，“既无功用无当生”已经说明了过失。如果是已有的果，就是已经产生的事物，那么就不会再以遍计一个缘使果存在。如此众缘聚合无法生果，所以说它们不是缘。

下面说明每一个都不是缘：

假设对方说：虽然缘不可能存在，但由指明法相这一点可证明缘存在。“能立是名因”，所说因缘的法相并不存在，谁也不会说对石女儿指明法相。假设它的法相存在，那就成了因缘，实际它的法相并不存在。为什么呢？

若果非有生，亦复非无生，

亦非有无生，何得言有缘？

能立就是能生，假设所立法成立，那么以能生因可以产生它，但实际这也不成立，因为有、无、二俱本体不成立。有不成立，因为已有；也不是无，因为非有；又不是既有也无（二俱），因为并不存在互绝相违的一个事物，有两方面所说的过失。由于果无生，因缘也就不存在。所以又怎么能说

“由法相存在故因缘存在”呢？因此这种观点不合理。

现在破所缘缘：

如诸佛所说，真实微妙法，

于此无缘法，云何有缘缘？

若问：此处，有所缘的法是指什么？

经教中说是一切心与心所。心与心所，依靠色等所缘能相应产生，色等法就是心与心所的所缘缘。

下面观察所缘缘到底是存在于有的法中还是无的法中？对于存在的法来说，所缘缘无有实义，因为所产生的法在所缘之前就已存在，由于能产生某法才是所缘缘，既然某法在所缘缘之前就已经有了，也就是说某法自己的本性在无有所缘的情况下就完全成立，那么观察具有所缘有何用呢？因此，心等存在的法绝对无有所缘，只是你们自己承许说有所缘罢了。这与所缘毫无关系。如果对不存在的法观察所缘，那也不合理。“若无此缘法，则彼无实义”，对无有的法而言，与所缘无有关系。“于此无缘法”，只是你们宣说的，说有所缘只是词句。“于此无缘法，云何有缘缘？”这是反问句。“云何有”是理由。意思是说，如果不存在的法——能缘法不存在，又怎能有所缘呢？无有能缘的缘故所缘也不存在。

如果说：一切心与心所有所缘，此法相是指世俗谛，而不是指胜义，因此无有过失。

现在破等无间缘：

果若未生时，则不应有灭，

灭法何能缘，故无次第缘。

因灭即刻生果的缘就是等无间缘的法相，对此应当分析：苗芽等果法如果没有产生，那么作为因的种子等不应该灭，在因没有灭的时候，果法的等无间缘会是什么呢？

如果承许：虽然果没有产生，但种子已灭。

驳：这样一来，种子已灭就成了无有，那么苗芽的缘是什么？种子灭的缘又是什么？结果这两者都成了无因，所以说“灭法何能缘”。如果承许苗芽没生之前种子已灭，那二者就成了无因。“故无次第缘”或者，以“不自生、亦不从他生”等破生，考虑到破了生以后，“诸法若无生，亦无有灭相，故无次第缘。”另外，解释“灭法何能缘”这句要结合前面一句。

现在破增上缘：

诸法无自性，故无有有相，

说有是事故，是事有不然。

一法存在，能产生某法，它就是某法的增上缘。如果这是增上缘的法相，那么由于诸法是缘起，因此无有自性，又怎会有“此法为因、此法为果”呢？为此，由法相也不能证明缘成立。

他宗说：毛线等形成氆氇等可得，毛线等是氆氇的缘。

驳：如果所生的氆氇等果法不存在，那么众缘怎能成立呢？

下面说明氆氇等果如何无生：

略广因缘中，求果不可得，

因缘中若无，云何从缘出？

毛线、织物等各个事物中都没有氆氇，因为从它们中得不到氆氇，并且有众多因生众多果的过失。所以，毛线等聚合也不会有氆氇，因为每一分支中无有，再者会有“一果分段产生”的过失。为此，无有果就不存在缘。

若谓缘无果，而从缘中出，

是果何不从，非缘中而出？

假设认为：虽然缘中并无有果，但也能从中产生。

驳：那么氆氇为何不能从茅草非缘中产生呢？所以，缘不会产生果。

对此，他宗又说：假设果是他法，缘也是他法，那么思维缘中有果还是无果？实际他体的果并不存在，那是什么？只是缘的自性。

若果从缘生，是缘无自性，

从无自性生，何得从缘生？

假设安立“果是缘的自性，是缘的变形”，那不合理，因为诸缘也并非本身的自性，即是“非缘之本体”的意义。

果不从缘生，不从非缘生，

以果无有故，缘非缘亦无。

对方说：氆氇具有毛线的自性。

驳：假设毛线自本体成立，那么可以变成氆氇，可毛线也是支分之自性的变异，并非有自性成立。既然本身无有自性，所谓氆氇的果如何成为毛线的自性？如云：“氆氇由因成，因亦由他成，彼自尚不成，如何能生他？”所以：“故非缘自性。”可见，缘自性的果是不存在的。

对方说：那就成了非缘的自性。

驳：非缘自性的果并不存在，氆氇尚且不是毛线的自性，又怎会成为相违的茅草自性呢？

对方说：果虽然不存在，但缘与非缘决定有，你们也说“假设果不存在也能从缘中产生，那为何不从非缘中产生”，倘若氆氇与牛毛织物的果不存在，那么是毛线与茅草即缘与非缘都不合理，因此果也存在。

驳：假设果存在，那就成了缘与非缘。如若果存在，可以说这些是它的缘、这些不是它的缘。但加以分析时果也不存在，既然果不存在，又怎能成为非缘和缘呢？“非缘缘”是缘与非缘的省略词。因此，诸法无生。《宝源经》中云：“空若无明觉，如空中鸟迹，彼无少体性，永不成他因。不得彼体性，无性何他缘？无性他生何？彼因善逝说。诸法坚稳住，不变寂无死，如虚空无识，不知彼众愚。如山不动摇，诸法恒不动，无生亦无死，佛说法如是……”又云：“何法无生起，无死不老衰，人中狮子宣，有情安置彼，体性无所有，非他皆不得，非内不得外，彼等怙主说。佛说众生寂，众生不可得，彼等众解脱，解令众解脱。”

月称论师亲造之《显句论》·第一观因缘品释终

第二　观来去品

虽然通过破生能证明缘起的不灭等特点成立，但还要证成缘起无去无来，所以特为破去来之行，必须稍微讲解共称的其他理由。

假设决定有个所谓的去，那就要观察它是存在于已去的道路上、未去的道路上还是正去的道路上，一切情况均不合理，下面说明：

已去无有去，未去亦无去，

离已去未去，去时亦无去。

去往道路的行为已灭，就称为已去；去的行为还没有产生就叫未去；现在正进行去的行为，就称正去。如果说“正去”是去的行为与现在相联，那么已去是去的行为已灭，以此来说明它们无有关系，因此已去名为去不合理。

未去也不是去，因为未去是说去的行为还没有产生、是未来去的行为。所谓“去”是发生在现在，未来与现在这两个时间完全不同，因此未去名为去也不合理。假设是未去，那又怎会是去呢？如果是去，又怎么会是未去呢？

正去也无有去，因为除了已去与未去之外，所谓的正去不可知。这里，如果去者已经越过某某对境，那是他已去的对境，未越过的，就是他未去的对境，与已去、未去他体的去时道路是见所未见的，所以“去时亦无去”，因为不可了知、不可通达，故去时不存在。由于不是正持受去的行为，不是去，所以去时也无有去。

如果认为：正去的去者脚所踩的地方也就是正去的道路。

驳：并非如此，由于脚也是极微尘集聚，故位于趾尖极微尘的后方属于已去的范围，位于脚跟极微尘的前方属于未去的范围，除极微尘以外的脚也不存在，所以，与已去、未去分开的正去并不存在。就像这般对脚进行分析一样，所有极微也应该通过与东、西方分相联的方式来观察。为此，以等无间正在产生的分析证明一半已去的正去不合理，所以说“去时亦无去”。

对此，他宗说：去时应该有去。

动处则有去，此中有去时，

非已去未去，是故去时去。

“动”是指脚的起落，正在去的去者脚行动的某个地方是有去的。“动”既不在已去的道路上存在，也不在未去的道路上，但就是在正去的道路上存在。所以，唯独去时方有去。去往某处可得就是正去，它也是正受持着去的所作。因此唯独去时才有去。此处的去，一个是心识的意义，另一个是前往其他地方的意思。

如此观察，去时也无有去。

云何于去时，而当有去法？

若离于去法，去时不可得。

对此，你们宗派说：是由具有去的所作才承许说有正去时，它也叫去法。

实际这里去的所作行为是一个，因此用它来说明正在行路。这时所谓的“去”在去时与所作行为相关联就不合理，因此说“去何于去时，而当有去法”的理由是——“若离于去法，去时不可得。”无有去法就是指离开了去法，所谓去时就是正在去的意思。必要（另有版本为：密意）去时必然只有一个去的行为，而无有第二个行为，而所谓的“去”也不该没有去法。因此，“去时名为去”不具有完整的论式之义。由于无有第二个所作行为，故只有这个所谓的“去时”并不称为去。如果承许所谓“去”与去的所作行为（去法）相关，那么“去时”就与所作行为无关，因此不是完整的论式之义。

若言去时去，是人则有咎，

离去有去时，去时独去故。

立论方是指声称“去时去”的宗派，这样就成了有去时的名称而没有去的所作行为，承许依靠去之所作行为的宗派应成去时无有去法，原因是，他的去时离开了去法，因为去时是去。按照立论者的观点，所谓“去”必须要有所作行为，只有离开了去法的去时才是去。由此，应成去时无有去法。

如果承许去时与去两者都与所作相关联，那将成为如此：

若去时有去，则有二种去，

一谓为去时，二谓去时去。

具有去才能得出正在行路的说法，它是一个去，作为正行路之基础的去时去，是第二个去，如果去时有去，那么这个去就应成两个。

若问：去有两个有什么过失呢？

有这种过失：

若有二去法，则有二去者。

若问：为何去者应成两个呢？

以离于去者，去法不可得。

原因是：所作，无疑都要观待自己的能立，要么是观待作业，要么是观待作者。去的所作行为也依赖作者，所以观待去者。一个天赐去时，不存在第二个作者，由于没有第二个作者，就不存在两个所作。为此，说“去时有去”不合理。

如果认为：天赐坐着的同时又说话又看东西，当时一个作者有许多所作行为，这一点可见。同样，一个去者可有两个去的行为。

驳：并非如此。因为：是作者而不是实体，由所作不同就证明它的能作功用也是分开的，以坐的行为并不能证成是说者。

假设说：是一个实体。

即便如此但实体不是作者。

那是什么？

如果是有功用者，那绝对是分开的他体。此外，谁也不曾见过一者在同一时间是相同的两个所作的两个作者。因此，一个去者无有两个去。

对此，他宗又说：即使这样，但说“天赐去”这里去者天赐去是可得的。所以，去是存在的，因为去之所依去者存在。

驳：假设去的所依去者存在，那就成了如此，可是去者并不存在。为什么呢？

若离于去者，去法不可得，

以无去法故，何得有去者？

无有去者即所依不存在，那么去法就不存在，这一点已解释完毕。假设无有去者，那就不会有去法，如果没有去法，又怎么会有无因的去者呢？因此无有去。

对此，他宗说：去法是有的，因为就是由有了去法才说有去的。这里去者就是指有去法的人，由于有了去法也才有去。假设无有去法，就不会说没有去法的天赐去。如同无有拐杖就不会说拄拐杖者一样。

驳：假设这个所谓的去存在，那就有去，实际它并不存在，因为：

去者则不去，不去者不去，

离去不去者，无第三去者。

如果这里能去是去者，那他不去。为何不去呢？下面三颂将说明这一点。

非去者也不去，所谓不去者是指离开了去的所作行为者，“去”这个词是用于具有去的所作行为，为此，假设不是去者，那如何去呢？如果说去，就不是这个去的去者，是与这两者不同他体者去。

可事实并非如此，所谓的“去”，怎么会有除了去者非去者以外的第三者呢？所以去并不存在。

对此，他宗又说：非去者不去，二者以外者也不去，那是什么？唯有去者去。

驳：这也不存在，为什么呢？

若离于去法，去者不可得，

若言去者去，云何有此义？

所谓“去者去”这句里去的所作是一个，它也叫“去法”，所谓的“去者”，不存在第二个去的所作，为此，并不存在无有去法而称为去者或不去而称为去者的情况，因此“去者去”的说法不合理。即使说去，但由于所谓的去者不可能存在，因此这种观点不合理。

如果说，由具有去证明去者有去。

驳：如此一来也因为没有第二个去的所作，所以不会有“去”：

若谓去者去，是人则有咎，

离去有去者，说去者有去。

立论方是指声称由具有去法证明是去者的宗派。

由于说去者有去，就成了说无有去法而有去者，因为不存在两个去的所作行为。因此说去者去不合理。“离去有去者”这句的去者涉及去的行为之义。

如果承许：“去者去”两个都有去。

如此一来：

若去者有去，则有二种去，

一谓去者去，二谓去法去。

很显然，具有去法才称为去者，这是一个去，还有成为去者以后去，是所作的去，这样就成了两个去。所以，去者也就成了两个。会有如上所说的过失。因此，实际并无有所谓的“去”。

对此，他宗说：即便这样，但有“天赐去”的说法，所以去是存在的。

驳：并非如此，为什么呢？分析“是去者去，是非去者去还是与这两者不同的第三者去”在天赐的身份上，一切情况都不该有去，因此这种观点不合理，是很下劣的观点。

对此，他宗又说：去是有的，因为它的出发存在。这里，天赐放弃住在此处准备出发，（如果去不存在就不会有出发，）就像龟毛不存在，也不会有准备做它的衣服。

驳：假设出发存在，那去就存在，可是出发并不存在：

已去中无发，未去中无发，

去时中无发，何处当有发？

假设去前的出发存在，那么是在已去的道路上、未去的道路上还是正去的道路上有个出发？已去的道路上无有出发，因为已去是指去的行为已灭。假设在已去的路上出发，那它就不是已去的道路，因为过去与现在相违。未去的道路上也无有出发，因为未来与现在相违。正去的道路上也不存在出发，因为正去并不存在，并且有成为两个所作及两个作者的过失，为此一切情况下都不见有出发，所以说："何处当有发？"

如去一样说明：

未发无去时，亦无有已去，

是二应有发，未去何有发？

天赐坐着的时候并没有出发，也就是在出发之前——即将出发不存在正去的道路，也没有已去的道路，由于无去时也无有已去，故这两种情况均无有出发。

假设认为：虽然在出发之前无有已去也无有去时，但是在未去的道路上是有出发的，因为要向某处出发。

驳："未去何有发"，"未去"是指去的行为尚未产生，去的行为还没有开始，那么它与所谓出发毫不相关，这是讲"未去何有发？"

假设说：尽管已去、未去、去时的道路上都无有出发，但已去、未去与去时是存在的，如果去不存在，那么这些就不合理。

无去无未去，亦复无去时。

一切无有发，何故而分别？

驳：假设这些存在，那么去也存在。如果出发存在，则应当观察。去往某处的行为已灭，就称已去，现在正去往某处就是去时，去往某处尚未产生就是未去。结果这些并没有去的所作出发。

如果一切情况下都得不到出发，那么颠倒分别三时有何用呢？它的因——去又怎会存在呢？所以，这种观点不合理。

对此，有人说：去存在，因为它的对治存在，任何法的对治存在，它就存在，如同光明与黑暗、彼与此、怀疑与确定一样。去也是有对治“住”存在。

驳：假设它的对治法“住”存在，那去就存在，但它的对治法——“住”并不存在。怎么不存在呢？

观察这里的住，是去者、非去者还是这两者以外的他者住？所有情况都不应理：

去者则不住，不去者不住，

离去不去者，何有第三住。

关于去者如何不住这一点，下面一颂将予以宣说。非去者也不住，如果是他正在安住，那么另外的安住有何必要？一个安住使之成为非去者，另一个是使之住留，这样“住”就成了两个，住者也应成两个，过失如前。去者与非去者以外的情况也不存在。

对方说：非去者不住，去者与非去者以外的他者也不住，那是什么？是去者住。

驳：并非如此，为什么呢？

去者若当住，云何有此义？

若当离于去，去者不可得。

在此讲“住”时并没有与住相违的去，无有去也就不会称为去者，所以，说“去者住”不合理。

对方说：去肯定有，因为返回存在。从去中返回时才开始安住，如果去不存在就不会有从中返回。

驳：假设返回存在，那么去就存在，可返回并不存在：

去未去无回，去时亦无回。

去者不会从已去的道路上返回，因为已去的道路上无有去；也不会从未去的道路上返回，因为无去；又不会从去时的道路上返回，因为去时不可得。由于无有去的所作，所以返回不存在。

对此他宗说：假设去的对立法住不存在，那么去就不存在，但为了证明去，应当证明住成立，由住成立就证明去成立。住存在，因为它有对立法。住的对立法就是去，去是存在的，住也存在，因为对立法存在。

驳：这也不合理：

所有行发回，皆同于去义。

于此，凡是为了证成住而列举理由的行去，都与去等同，也就是与破去相同的意思。“去者则不住……”对于为证成去列出住的理由，进行遮破，同样，这里对为证成住列出理由的去，也应以“住者则不去，（不住者不去，离住不住者，何有第三去？住者若当去，云何有此义？若当离于住，住者不可得。）”两颂替换，来进行遮破。所以，去不存在，由于无有去，观待它的住也不存在。由此可知，行与去相同可破。

若认为：住是存在的，因为它的始发存在。在此放弃了去开始安住，始发又怎么不存在呢？

驳：住的始发也与去的出发相同，如前以“已去中无发……”遮破出发一样，这里也可换成“已住中无发（未住中无发，住时中无发，何处当有发？未发无住时，亦无有已住，是则始发住，未住何有发？无住无未住，亦复无住时，一切无有发，何故而分别？）”三个偈颂，安住的始发也应当如同去一样进行遮破。

若认为：住是存在的，因为从中返回存在，于此天赐安住后从安住中退出准备去，假设住不存在，那么从住中返回也不会有。

答：假设安住的返回存在，那么住就存在，可是它的返回并不存在，为什么呢？住的返回也与去的返回意义相同，从安住中返回也应当如同从去中返回一样进行遮破。就像破去时说："去未去无回，去时亦无回。"破住也可说："住未住无回，住时亦无回。"所以，住不存在。由于无有住，所以声称去之对治住存在者岂能证明去成立？因此，去在一切情况下都不存在。

此外，如果去存在，那么分析它与去者是异体存在还是同体存在，结果所有情况均不存在：

去法即去者，是事则不然，

去法异去者，是事亦不然。

为什么不合理呢？

若谓于去法，即为是去者，

作者及作业，是事则为一。

假设去的行为与去者是一体，那么作者与所作也成了一个，所以也就没有"这是作业，这是作者"的差别。但事实上，砍伐的行为与砍伐者并不是一体，因此，说去是去者不合理。

下面说明为何去与去者也不存在他性：

若谓于去法，有异于去者，

离去者有去，离去有去者。

假设去者与去法成了他体，那就要认定不观待去法的去者，如同瓶子以外的氆氇一样，不观待去者另外成立的去法。但谁也不会认定作者之外另行成立去。由此完全可证成“去者与去法他体”不合理。

去去者有二，若一异法成，

二门俱不成，云何当有成？

依靠解说去法与去者的道理证明二者如何都既不成立一体也不成立他体，那这两者还成立什么其他情况呢？所以说“二门俱不成，云何当有成”，意思就是去与去者均不成立。

对方说“去者天赐去”，这是世间共称的。再有，说者说话、作者做事，按照共称，也是由去而成为去者去。所以没有所说的过失。

驳：并非如此，为什么呢？

因去知去者，不能用是去，

先无有去法，故无去者去。

很显然，就是因为有去，才有“天赐去”，天赐就成了去者，他并不是去法，即“不是去法”或“不能用是去”的意思。因为，“先无有去法”，也就是指在他的去法之前。假设在去之前作者已经成立，那他就可以去。“故无去者去”，如果说天赐去别的村落或城市是可见的，同样在以去法而称为去者之前，不观待去某处之去法的去者也是不存在的。因为去法才称作去者，他并不是去法，那是什么？

如果认为去者另有个去，这也不存在，为什么呢？

因去知去者，不能用异去，

于一去者中，不得二去故。

之所以成为去者，显然是以去法而成为的，去者以外也不会再有个去，否则应成两个去法。很明显，因为去法而成为去者。如果去者成立后又有其他一个去，那就成了两个去，而一个去者也不会有两个去法，所以这种观点不合理。由此也可遮破说者说话与作者做事。

决定有去者，不能用三去，

不决定去者，亦不用三去，

去法定不定，去者不用三，

是故去去者，所去处皆无。

应当了知，这里，进行去的所作，就叫去法，“决定有去者”是指具有去的行为者。“不决定去者”就是没有去的行为者。“定不定”是指既是去者又非去者二俱的本体。同样，去也与去的行为相关而有三种。其中去者，有成为去者，成为非去者，成为既是去者亦非去者这三种去者都不能去，这一点在下文《观作作者品》中也会宣说。同样，成为非去者也不能在三种去中有去，同样可阐明既不是去者也不会有去。通过这样分析去者、去时与去法均不存在，由此可知去、去者与所去均不存在。

《圣无尽慧请问经》中云：“舍利子尊者，所谓‘来’是摄词。舍利子尊者，所谓‘去’是遣词。何者，无摄词亦无遣词，彼无来亦无去。无来无去者，即是诸圣者之去。”假设种子迁移到苗芽上，那它是种子而不是苗芽，否则就成了恒常的过失。如果苗芽从他处来，那就成了无因的过失，无因也不会生，如同驴角。为此，世尊也说："如有种有芽，是种非苗芽，非彼非异彼，非常亦非断。"又言："印章现印纹，印移亦不得，无彼非于他，有为无常断。""镜面清油器，女子装饰观，凡愚生贪欲，欲求亦极弛，面容非移彼，像永不得颜，痴者起贪心，诸法如是观。"《三摩地王经》中也说："无罪十力佛，说此胜等持，世众如梦境，此无谁生死。人命亦不得，法如泡芭蕉，如幻如闪电，如水月阳焰。无人离此世，迁往他世间，造业永不虚，轮熟黑白果。不常亦不断，无积业无住，作已非不遇，他作寻亦无。无迁亦无来，非有亦非无，升天非清净，有情行寂无，三有空如梦。速坏无常幻，无来亦无去，相续空无相。佛境佛功德，无生寂无相，十力总持力，此佛尊中尊。积白法胜德，德智咒力胜，神变幻化胜，妙得五胜通。"彼中又云："诸位尊者，去往何处？从何处来？彼等答言：须菩提尊者，无所去往，无所从来，故世尊说法。"

月称论师亲造《显句论》·第二观去来品释终

第三　观六情品

眼耳及鼻舌，身意等六情，

此眼等六根，行色等六尘。

他宗说：即使去、去者与所去不存在，但经典中观待极成（普遍成立之义）需要承许见者、所见、见等存在。这一点在《对法论》中说：“眼耳及鼻舌，身意等六根，此眼等六根，行色等六尘。”见等是自性存在。

驳：实际并不存在，这里指明，眼根是以见而成为能见，色是它的对境。下面说明为何眼不见色：

是眼则不能，自见其己体，

若不能自见，云何见余物？

眼根并非能见到自己的本性，因为自己对自本性行事相违。既然眼根不能见自己本身，那就像耳根等一样也就不见蓝色等他法，为此眼并不存在。

假设对方说：虽然眼根不能见自本性，但可以见其他色法，如同火。火只能燃烧他法的本性，而并非燃烧自体。同样，眼根也只见他法而不见自体。

驳：这也不合理。为什么呢？

火喻则不能，成于眼见法。

为了证成眼见色法，你们运用火的比喻，可是它并不能证明眼见色法。“不能”就是不可以、无能力、不合理的意思。为何不合理呢？

去未去去时，已总答是事。

因为与眼根一起已经总的来说明，所以说“已总答是事”。你们为了证明眼根成立而举出火的比喻，直接的意义也与眼一起答复遮破。以什么遮破呢？以“去未去去时”，因为“已去无有去，未去亦无去，离已去未去，去时亦无去”，同样也可以说“已燃无有燃，未燃亦无燃……”再者，如同已去、未去、去时无有去一样，也可说“已见无有见，未见亦无见，离已见未见，见时亦无见”。如同“去者则不去，不去者不去……”一样，也可说“燃者则不燃，不燃者不燃……”及“见者则不见，不见者不见”等如同火的比喻一起，等同遮破已去、未去、去时。因此“以火的比喻证成眼根”的说法不合理。所以，“并非如自本性一样而见他物”这种观点不成立。

见若未见时，则不名为见，

而言见能见，是事亦不然。

眼根，在丝毫也没有见任何色法的时候，就不是能见，因为未见色法就不应称为能见，所以说“而言见能见”不合理，如柱子等。假设从组成偈颂的侧面，“则不名为见”的后面接“以见名能见”，但在讲解时，应当是“而言见能见，是事亦不然”。再者，说“见能见”，观察见的所作是与见者相联还是与非见者相联？两种情况均不合理：

见不能有见，非见亦不见。

有见之所作的见者还有见不合理，否则见的所作就有两个的过失，能见也应成两个。非见者也不能见，因为离开了见的行为，如同指尖。

“见不能有见，非见亦不见”要与“而言见能见，是事亦不然”相结合。

有些人认为：如生一样，这种相似的法无有所作，生而即灭，而不见少许对境，因为无有所作，为此“见不能有见”是证成已成。

回答：假设成为名言支分的所作不存在，那么假法也不存在，因为离开了所作，如同空中花。所以怎能理解成是离开了所作的假法。假设是名言谛，那么就像假法一样也应承认所作，但若站在真如的层面考虑，就应当承许如所作一样，假法也不存在。《四百论》中云：“有动作无常，虚空无动作，无用同无性，何不欣无我？”为此，他宗的这种道理不能妨害这种观点，我们也不会有证成已成的过失。

他宗又说：既然不承认“而言见能见”证成作者，那是什么？

这里是以能见证成见，所以不会有所说的过失，成为能作的这个见能见，它是作者，这是识，也可以是我，它是存在的。由作者存在，也就证明见成立。

驳：

若已破于见，则为破见者。

前文中以“是眼则不能，自见其己体……”破了见。同样，要知道遮破见者也与破见一样，可以说："见者则不能，自见其己体，若不能自见，云何见余物？"所以，如见一样，见者也不存在。

他宗说：见者是存在的，因为它的作业与能作存在。这里无有的法它不会有作业与作，如同石女儿。作者，由能见与所见也可证明是存在的，所以如同砍伐者一样有作业与能作的缘故见者是存在的。

驳：所见与能见并不存在，怎么会由此而使见者存在？所见与见观待见者，决定应当分析见者：

离见不离见，见者不可得。

如果这里有个所谓的见者，那么它观待见（指眼根），还是不观待见？假设承许观待见有个不离见的见者，那么当时是已成立的见者观待见还是未成立的见者观待见？已成立的见者并不观待见，因为已经成立后作者还观待见有何用呢？已成立也不应该再建立。如果说：是不成立的见者观待见，那么由于不成立，故如石女儿一样不会观待见。不离见，也就是观待见后成为见者是不存在的，离开见的见者也不成立，因为不观待见，这一点前面已阐述。所以，离见不离见的见者均不存在。

以无见者故，何有见可见？

如果见者不存在，那么无因的所见与见也就不可能存在，又怎能由它们存在来证成作者呢？

对此他宗说："所见（即可见）存在，因为它们的果存在，如依父母而生子，依于眼色生眼识。”依于所见与见产生识，三者集聚中产生有漏触。与触同时产生的是受，依靠受的缘生爱，如此具足有四支，所见与见的果是存在的。由于它们的果存在，因此所见与见存在。

答：假设识等四者存在，那么所见与见两者就存在，但识等并不存在。

见可见无故，识等四法无。

由于无有见者，也就无有所见与见，这一点已阐述。为此，识、触、受、爱即识等四法怎会存在？所以，识等四法并不存在。

对此，他宗说：它们是存在的，因为它们的果存在。这里，以爱的缘产生取等，取、有、生、老死等是由识等四法产生，所以识等存在，因为它们的果存在。

驳：假设识等四法存在，那么取等就存在，因为所见与见不存在，识等四法就不存在。

近取等诸缘，云何当得有？

意思就是近取等一切均不存在。

现在类推剩余诸根也与见（眼根）等同：

耳鼻舌身意，声及闻者等，

当知如是义，皆同于上说。

世尊曾说：“眼不见诸色，意不知诸法，谁不入世间，此为第一谛。

何以缘聚见，尽说作引导，彼地执胜义，精通为假立。”又言：“依于名色已，虽生此眼识，色非依于眼，色亦非眼移。无我不净法，立名我与净，于无颠倒立，彼中生眼识。由识灭生中，见识尽与增，皆无去来空，如幻瑜伽见。”《圣优波离请问经》中也说：“眼具一切见，是眼见众色，夜无缘不见，不具是分别。眼依光明见，悦不悦众色，如是依光见，故眼永无见。耳闻悦意声，彼永不入内，彼去不可得，分别生诸声。”再有，“歌舞乐音非所取，如梦愚者贪执因，毁贪妄念无知者，凡惑如仆成我耶？”

月称论师亲造之《显句论》· 第三观六情品释终

第四　观五阴品

对此，他宗说：即便所有根不存在，但由于没有破五蕴，故诸根也包括在五蕴的范畴中，因此它们也是存在的。

驳：假设诸蕴存在，那就成了这样，但诸蕴并不存在。下面就色蕴来说明：

若离于色因，色则不可得，

若当离于色，色因不可得。

色是大种所生，它的因是四大种。与四大种互为他体的大种所造色，如同瓶子以外的氆氇一样不可得。“若当离于色”也就是与色他体的色因也不可得。

想要建立这两种立宗而说明：

离色因有色，是色则无因，

无因而有法，是事则不然。

犹如与瓶子他体的氆氇不是瓶子的果一样，如果承许与色因——大种不同他体的大种所造色，也就成了不是大种的果，即成了无因，而无因的事物何处也不存在。由于会有无因的过失，所以不应该承认离开色因另有色。

下面说明离开色以外的色因如何不存在：

若离色有因，则是无果因，

若言无果因，终无有是处。

假设除了果法的色之外有个色因，那就如同氆氇不同他体的锡盆不具有氆氇的因一样，承许与果他体的因也就成了无有的因。作为因，应该生果，由于成立他体，故不观待果的因中不会有果。无果的因就是无因，如同空中花一样不存在。所以说“终无有是处”。

再者，如果承许色的因，那么是承许于色存在时它是因还是承许色不存在时它为因呢？这两种情况均不合理：

若已有色者，则不用色因，

若无有色者，亦不用色因。

如果色存在，已经有了色，那色因有什么用呢？如果色不存在，即没有色，也就不需要色因。或者观察它是谁的因？由色不存在，色因也不合理。

假设有人认为：即使色因不存在，但果法的色是存在的，由于色存在，因也就存在。

驳：假设果法的色存在，那就成了这样，但它并不存在，为什么呢？

无因而有色，是事终不然。

关于色因如何不存在的道理已阐述完。如果无有因，那么无因又怎么会有果的色呢？“终不然”是强调肯定，指明声称无因的观点极其下劣。

为什么呢？由分析色一切情都不存在，由此瑜伽师见真实性：

是故有智者，不应分别色。

作为智者，不应该缘取分别思择有碍无碍、有对无对、过去未来、蓝色黄色等色法。

另外，如果承许这是色因，那么证成它与果相似还是不相似？这两种情况均不合理：

若果似于因，是事则不然，

果若不似因，是事亦不然。

色因是坚硬、湿润、温暖、动摇的本体，大种所造内本性的眼根等是眼识等的所依，是清净色的本性，外境色等处具有眼识等所取的法相，并不是大种的自性，所以，由法相不同，如同涅槃一样，因与果二者没有相似性，因此说“若果似于因，是事则不然”。与水稻种子等相似，相互显然不是因果的法。为此也证明“若果似于因”的说法不合理。

果与因不相似也不合理，因为法相不同，如同涅槃。

如同分析色一切情况均不合理一样，受等也可依此类推：

受阴及想阴，行阴识阴等，

其余一切法，皆同于色阴。

受等一切也应当如同分析色一样来类推。

中观宗承许说一法空性，如是诸法均是空性：

若人有问者，离空而欲答，

是则不成答，俱同于彼疑[1]。

辩论就是遮破他宗，在以空性为因说明色无自性来破斥说有自性者时，假设对方回答“受等存在，如是色也存在”，他们所有的这些并不能作为答复，为什么呢？应当了知，受等一切的存在均等同所立色的存在。

如同分析色与自己的因是一体或他体均不存在一样，以触之缘产生受、与识俱生的想，以无明之缘生行，由行之缘生识，也是同样。如果分析触等与自己的因是一体或他体，那么这些均不存在，所以这一切都等同所立。

就像受蕴等等同所立一样，法相、事相、因、果、分支与有支等一切法也等同所立色蕴。因此，他宗怎能回答存在呢？由于他们的一切词句都等同所立，为此龙树菩萨在论中教诫：对于他宗的一切答复，中观宗说均等同所立。

如同在破他宗时讲的这种道理一样，在进行解释时也是如此解说：

若人有难问，离空说其过，

是则不成过，俱同于彼疑。

要知道，在进行解说时，诸如声闻弟子进行反驳的时候，反驳也如前一样等同所立。如云：“一法之见解，彼说一切见，一法之空性，彼即一切空。”《虚空藏等持经》中也说：“以一法证一切法，如幻阳焰无所取，虚妄非为永恒性，彼不久趋菩提果。”《三摩地王经》中也云：“如汝知自想，如是及一切，诸法彼体性，清净如虚空，以一知一切，以一见一切，尽所众解说，亦不生骄慢。”

月称论师亲造《显句论》 · 第四观五阴品释终

1 “俱同于彼疑”，在藏文版本中是“俱同于所立”。下一颂也同样。

第五　观六种品

他宗说：诸界存在，因为并没有遮破它们。世尊也说："大王，士夫补特伽罗，此名六界……"为此引用经典来说明，如同界一样蕴、处也存在。

驳：假设诸界存在，那么蕴、处就存在，可是诸界并不存在。

如何不存在呢？下面解说：

空相未有时，则无虚空法，

若先有虚空，即为是无相。

所谓的六界，是指地、水、火、风、虚空、识。其中以虚空为例来遮破。这里，虚空的法相是无阻碍，假设在无阻碍的法相之前已有事相虚空，那么它可运用法相，可是在无阻碍的法相之前，虚空也不存在。"空相未有时，则无虚空法"，法相用于什么法上呢？如果法相不存在，那就像空中鲜花一样虚空并不存在。所以说："若先有虚空，即为是无相。"

是无相之法，一切处无有，

于无相法中，相则无所相。

他宗说：运用法相是存在的，它也是用在事相上，因为法相存在，所以事相也存在。

驳：事实并非如此，在法相之前，并没有无法相的法，这一点已解说完毕。如果无法相的法不存在，那现在法相用于什么法上呢？因此法相无有用处。

再者，如果运用法相，要么是用于有法相的法上，要么用于无法相的法上，这两种情况均不合理：

有相无相中，相则无所住，

离有相无相，余处亦不住。

法相并不是用于无法相的法上，如同驴角一样。法相用于有法相的有实法上也不合理，因为无有必要。已成立具有法相还要具有法相有何用呢？如此一来也成了无穷的过失。这不会变成何时都没有法相，否则就成了恒常有法相的过失，这一点也是不承许的。因此，法相用于有法相的法上是不合理的，因为无有必要。

对此，有人会想：承许用于有法相无法相以外的法上。

驳："离有相无相，余处亦不住。"为什么呢？因为不可能有除有法相与无法相以外的法。假设是有法相，那就不是无法相；如果是无法相，那就不是有法相。所以，"既是有法相又是无法相的法"这种说法显然相违，相违的法也就不可能存在。由于不容有，所以法相用于既是有法相又是无法相的法上也不合理。

假设认为：虽然运用法相不存在，但事相是存在的。

驳：事相也不存在。为什么呢？

相法无有故，可相法亦无。

只要法相不存在，那么事相也就不存在。

对此他宗说：你们是遮破运用而不是法相，所以法相存在，由于法相存在，事相也就存在。

驳：

可相法无故，相法亦复无。

“相法无有故，可相法也无。”反过来说“可相法无故，相法亦复无”，因为无有所依。只要法相不存在，就不能说“由于法相存在的缘故事相也存在”，原因就是这样。

下面总结：

是故今无相，亦无有可相。

他宗说：即便法相与事相不存在，但有实法的自性虚空是存在的，如果虚空具有有实法的自性，那也成了事相与法相，所以事相与法相也存在。

驳：这不合理。

离相可相已，更亦无有物。

关于事相与法相如何不存在的道理，前文已阐述完毕。只要这些不存在，那么由于离开事相与法相故就如同空中鲜花一样虚空并不存在。

他宗说：假设没有有实法的虚空，那就成了有无实法。

驳：无实法也不存在。

若使无有有，云何当有无？

只要虚空不是有实法，那当时有实法就不存在，再观察无实法是谁的无实法，下文要讲："有若不成者，无云何可成？因有有法故，有坏名为无。"所以，由于无有有实法故无实法虚空也不存在，说虚空是有实法[1]，是对无质碍安立的。假设质碍存在，那么无质碍就可称为虚空，何时以理证明质碍不存在，那时如何会有无实法虚空呢？

对此，他宗说：由于能观察者存在，故有实法与无实法是存在的。说"若使无有有，云何当有无？"有实与无实的观察者你们也是有的，因为有实法与无实法的观察者你们存在，所以所观察的有实法与无实法也存在。

驳：这种说法也不合理，为什么呢？

有无既已无，知有无者谁？

假设这二法的观察者存在，那么它也成了有实法或无实法，结果它也就不存在。如果观察者存在，那它是谁？是有实法还是无实法？假设承许是有实法，则以"离相可相已，更亦无有物"已说明对它的遮破。如果是无实法，则"若使无有有，云何当有无？"已遮破了它。作为这二法的观察者，与有实法、无实法不同法的第三品物也不存在。所以，有实法与无实法的观察者是没有的。为此，世尊也说："谁知实无实，永不贪诸法，永不贪诸法，彼获无相定。"又言："作意诸法空，凡愚入劣道，文字诠法空，无字以字表。思寂善灭法，菩萨永不生，戏论是心念，故证法离思……"

现在依所宣说如是总结：

---

1 此处的"有实法"，疑似"无实法"，请观察。

是故知虚空，非有亦非无，

非相非可相，余五同虚空。

所以应当了知，虚空既不是有实法也不是无实法，既非法相也非事相。地等其余五界也如虚空一样，远离有实、无实、事相、法相。

因此，一切法的自性就是这般安住。

以无明眼翳丧失慧眼者从无始轮回以来一直串习有实、无实等颠倒见解，以至从随行于无倒现见无自性之涅槃道中退失：

浅智见诸法，若有若无相，

是则不能见，灭见安隐法。

智慧浅薄者因耽著有、无而不能见到善灭诸见、寂灭之法相、远离分别、灭除能知所知之本体胜义涅槃、空性的自性。《宝鬘论》中说："无者趋恶趣，有者趋善趣，遍知真如故，不依二解脱。"世尊在经中也言："有无是二边，净不净是边，故断二边已，智不住中间，有无是争论，净秽亦是争，争论不息苦，无争灭痛苦。"因此，以轮回道不可能获得微妙涅槃。

月称论师亲造之《显句论》·第五观六种品释终

第六 观染染者品

他宗说：蕴界处是存在的，因为它们的能依烦恼可得。

驳：这些并不存在，它们的能依烦恼不可得，如石女之子与石女之女的烦恼。

他宗说：贪欲等烦恼之因是存在的。如世尊说："诸比丘，异生凡夫不具听闻，恒常堕落，眼见色法，对悦意处耽著，由耽著而生贪欲。成贪欲者，由身语意之贪欲形成现行业。"其中作了广说。

驳：假设贪欲等存在，那么蕴界处就存在，可是贪欲等并不存在。于此观察贪欲，认为它是具贪者有还是无贪者有？这两种情况均不合理：

若离于染法，先自有染者，

因是染欲者，应生于染法。

贪欲、贪执、贪婪、触贪、贪著这些是不同的异名。贪欲者是贪欲的所依，假设在贪欲之前，也就是没有贪欲、离开了贪欲有个贪欲者，依靠他有贪欲，这样一来，"有染者则有染法"的说法就合理，可是离开了贪欲而是贪欲者的情况并不存在，否则阿罗汉也应成了有贪欲者。

假设说：贪欲者存在而无有贪欲，那就是无贪者。

驳：这也不合理。

若无有染者，云何当有染？

如果是贪欲者而无有贪欲，那就不成为贪欲者，无有所依的贪欲又如何成立呢？如同没有果树就不会有它的果实。

他宗说：尽管你们已经遮破了贪欲，但贪欲者是存在的，因为没有遮破它。贪欲者没有贪欲也不合理，为此贪欲也存在。

驳：

假设贪欲者存在，那么贪欲就存在，可是贪欲者并不存在，如果承许这个贪欲者，那么观察他是有贪欲还是无贪欲？这两种情况均不合理。

若有若无染，染者亦如是。

假设认为有贪欲才可有贪欲者，则以“若离于染者，先自有染法……”贪欲者也与刚刚所说的贪欲不合理次第等同。如果承许无有贪欲而有贪欲者，这也不合理，如此，“若无有染法，云何有染者？”所以，贪欲者也不存在。由于贪欲与贪欲者不存在，故蕴等也就不存在。

他宗说：为何成为这种过失？贪欲与贪欲者并不是前后产生，那是什么？贪欲与贪欲者是一起产生，与心俱生的贪欲，心作为贪欲者，它是贪欲者，所以贪欲与贪欲者存在。

驳：

染者及染法，俱成则不然。

贪欲与贪欲者一起产生也不合理。为什么呢？

染者染法俱，则无有相待。

由于是一起产生，故就像黄牛的左角右角一样不相观待。

再观察，贪欲与贪欲者同时并存，是一体还是他体？假设是一体，那不合理，为什么呢？

染者染法一，一法云何合？

如此贪欲自本性与贪欲者一体，就不能说贪欲者与贪欲同时并存。

现在说明贪欲与贪欲者是他体也不会同时并存：

染者染法异，异法云何合？

光明与黑暗、轮回与涅槃异体的法显然不会同时并存。

此外：

若一有合者，离伴应有合，
若异有合者，离伴亦应合。

假设一体有并存的情况，那么可说凡是一体法就会并存，所以单独一个法也成了有并存。如果承许他体并存，也同样可说凡是他体法就有同时并存的情况，牛、马等他体各自存在，无有助伴也成了同时并存。

再者，

若异而有合，染染者何事？

是二相先异，然后说合相。

假设贪欲与贪欲者是他体而有并存，那么这两者成立是他体吗？凭什么说它们并存？“贪欲不观待贪欲者，贪欲者也不观待贪欲”的说法成立吗？如果是像见到成立他体的黄牛与马同时并存一样，那么贪欲与贪欲者并不成立这样的他体，这两者也没有并存的情况。

再有，不成立他体也无有并存：

若染与染者，先各成异相。

既已成异相，云何而言合？

如果你们认为贪欲与贪欲者是他体，既然如此，那么现在又怎么会成为分开的法有并存呢？

如果为了证明贪欲与贪欲者成立，才观察并存的，也就是说，不成立他体不会有并存，所以承认成立他体，那么都这般成立了他体的缘故，还说此等的并存有何用呢？

异相无有成，是故汝欲合，

合相竟无成，而复说异相。

因为贪欲与贪欲者不成立他体，你们才承许它们并存，由于不成立他体的法也没有并存在的情况，你们又为了建立并存而再度说他体。

如果是这样，那就成立相互依存，一者成立另一者才成立，为什么呢？

异相不成故，合相则不成，

于何异相中，而欲说合相?

如果他体的法存在，那么并存的法就成立，实际上不观待并存法的他体法并不存在，所以考虑到不可能有这种情况才说：“于何异相中，而欲说合相？”

通过以上所说的观察破析而总结贪欲与贪欲者不成立：

如是染染者，非合不合成。

贪欲与贪欲者不成立前后，也不成立并存，同样，可类推一切法均是如此：

诸法亦如是，非合不合成。

可以推知，嗔恨与嗔恨者、愚痴与愚痴者都与贪欲和贪欲者一样不成立。为此，世尊说：“何者贪、贪于何、以何贪，何者嗔、嗔于何、以何嗔？何者痴、痴于何、以何痴之法真实不见，法不可得。以彼真实不见不得彼法，无贪、无嗔、无痴，心无颠倒，名为入定，名为度彼岸，名为趋安乐，名为得无畏……名为漏尽。无烦恼者，名为自在者、心解脱者、慧解脱者、遍知一切者、名为大象、名为行所作者、行能作者、解负荷者、随得自利者，永尽行世间者，以正知令心解脱者，心自在者……名为一切微妙彼岸之沙门。”其中作了广说。又言：“了知贪嗔及骄痴，体是妄念颠倒起，不作分别离贪欲，不变修住即诸法。”

月称论师亲造之《显句论》· 第六观染染者品释终

第七　观三相品

他宗说：有为法自性的蕴、界、处是存在的，因为它们具有有为法的法相——生等。出有坏佛陀也说："诸比丘，此三者是有为法之法相，有为法亦明显生、亦明显灭、亦明显由住中转异。"如兔角之类没有的法不具有生等法相。所以，由有为法的法相表明，蕴、界、处存在。

驳：假设按照你们的观点生等法相存在，那么具有有为法自性的蕴界处就存在，可是生等并不存在。如果承许生是有为法的法相，那么承许它是一个有为法还是一个无为法？

作为有为法的法相：

若生是有为，则应有三相。

三法相的聚合就是三相。假设认为生是有为法，那就成了生也具有三法相的过失，因为生住灭聚合的此自性，在一切有为法上都是无误具有的。为此，如同色等一样，生就成了事相，而不成有为法的法相。

如果不承许生具有三法相，那么由于离开了三法相，故就失去了是有为法的法相，如同虚空。下面加以解说：

若生是无为，何名有为相？

意思是指生不是有为法的法相。

此外，如果认为生等这些是有为法的法相，那么是认为它们各自每一个是法相还是聚集在一起是法相？两种情况均不合理：

三相若聚散，不能有所相，

云何于一处，一时有三相？

生住灭各自分开作为法相不合理，假设生时无有住与灭，那么当时就如虚空般离开了住与灭，生就不能作为有为法的法相。住的时候，无有生与灭，那当时如果离开了生与灭而有住，那就是离开了生灭的有实法存在，如空中鲜花般不存在的它有住不合理。

另外，具有住，后来也不会变成无常，因为具有与它相违的法。如果认为，先前是常有，后来变成无常。一个法具有常与无常不合理。所以，离开了生灭，不会有住。同样，灭的时候，无有住与生，如此一来无生离住，也就不存在灭，如同虚空的鲜花。可见，生等三者各自分开不能起到法相的作用。“不能”是指“无有能力”的意思。

现在讲生住灭聚集也不合理。“云何于一处，一时有三相？”意思是指同一时间一个有实法上具有“具贪与离贪或光明与黑暗”一样彼此相违的法不合理。说“某一刹那也就是有实法产生的那一刹那，有住与灭”，有良知者谁会这样认为呢？所以，生等聚合也不能作为有为法的法相。

对此，他宗说：“若生是有为”，成了生等有三相，那有什么过失？如果是无为法，又有什么过失？

答：

若谓生住灭，更有有为相，

是即为无穷，无即非有为。

如果有人说：两方面过失不是都已经宣说了吗？重复有何用呢？的确已经讲了过失，但那并不是龙树菩萨所说，那是什么？是解释者所说。先前唯是立宗，是通过说出他宗过失来证明，所以龙树菩萨再次宣说，假设承许生、住、灭还有生等有为法的法相，那它们也还有生住灭法相，结果就成了无穷的过失。即使已成了无穷的过失，但某法在后面的时候变成了他法，又怎么还会有前面的法呢？所以无所安立，生等不可能存在。

或者，前面只是主要破生，现在是共同遮破。“无即非有为”这句，顾名思义，容易理解。

对此，正量部论师等认为：生等存在，也不会成为无穷的过失，因为与法相随同的法相相互能证成。为什么呢？善业与烦恼有为法产生时，可产生本身等十五法，彼法、彼生、具、住、老、无常，假设那一法是烦恼性，再加上邪解脱，如果是善法，再加上它的正解脱，假设是出离，则有彼之出离，如果非出离法，再加上它的非出离，这些是从属，生之生到非出离之非出离之间，这些是从属之从属，它们根本的生能产生本身以外的其余十四法。随同生之生名称、成为法相的生只产生根本的生。同样，以非出离不能产生出离十四法，也就是依靠它们不能获得涅槃之义。非出离之非出离只产生非出离等，为了断除生等无穷的过失而说：

生生之所生，生于彼本生，

本生之所生，还生于生生。

他宗说：生有两种，一种是本生，另一种是生生。生之生就叫生生。“生生”的生唯一是本生的能生，之后“生生”的那个生是由本生能产生，为此相互证成，所以生等有三法相，不会成为无穷的过失。

驳：

若谓是生生，能生于本生，

生生从本生，何能生本生？

假设“生生能产生本生”是你们的观点，那还没有由本生产生的生生如何能生本生呢？如果认为只有本生产生的生生才能产生本生，这也不存在。

若谓是本生，能生于生生，

本生从彼生，何能生生生？

假设由本生产生的生生才能产生本生，那么还没有由它产生、尚不存在的本生如何能产生生生呢？所以说“不是由本生产生的生生产生本生”不合理。由于不存在相互证成，故应成无穷的过失。因此生不存在。

对方说：本生产生的同时能产生生生，生生又产生本生。

若生生生时，能生于本生，

生生尚未有，何能生本生？

若本生生时，能生于生生，

本生尚未有，何能生生生？

假设自己还没有产生，就能产生其他没有产生的法，那么可承认本生正产生的同时能产生生生，所谓的生时，是指未来，也就是说它本身还没有产生又如何能产生他法呢？这显然是不合理的。生生也应当同样讲解。

对此，他宗说：凭什么就成无穷的过失，生并没有其他生，那是什么？

如灯能自照，亦能照于彼，

生法亦如是，自生亦生彼。

就像灯火是光明的自性，所以能照亮自己与瓶子，生也是生的自性，所以可产生自己与他法。

驳：假设灯火能照亮自他，那生也是如此，但灯火并非能照亮自他。

灯中自无暗，住处亦无暗，

破暗乃名照，无暗则无照。

所谓能照就是指遣除黑暗，由能遣除黑暗才成为能自照，而灯火自本性并不存在黑暗，因为明与暗是相违的。由于自己能遣除黑暗，所以灯火能照他。可是在某处有灯火，也就不会有黑暗。为此，灯火不存在自照与照他的情况。由此可见，“如灯火一样，生如是能自生也能生他”的这种说法不合理。

对此，他宗说：如果“灯中自无暗，住处亦无暗”即不存在遣除黑暗，这种讲解不合理，为什么呢？正在产生的灯火是能除暗的，所以，说灯火中无暗，有灯火之处也无暗是合理的，假设灯火不能除暗，那当时如同没有燃灯火一样，燃亮灯火也不能见到瓶子等，因为如前面阶段一样不会驱散黑暗。为此，灯火具有能除黑暗法相的照明，那也是灯火正在产生时所为。

驳：

此灯初生时，不能及于暗，

云何灯生时，而能破于暗？

意思是指：由于光明与黑暗二者不会并存故不会接触，在无有触及黑暗的情况下，灯火产生时怎么能遣除黑暗？这一点值得观察。所以，灯火初生时不会触及黑暗，由于不会触及，因此可以肯定地说“灯火少许也不会照亮”。

如果认为：智慧没有触及无明，而绝对能摧毁无明；眼睛没有触及色法而能见到色法；吸铁石没有触及铁而绝对能吸附铁，同样，灯火没有触及黑暗而能遣除黑暗。

驳：这也无有实义。

灯若未及暗，而能破暗者，

灯在于世间，则破一切暗。

假设灯火没有触及就能遣除黑暗，那位于此处的灯火就可以遣除所有世间中存在的黑暗。因为没有触及，如同位于近处的黑暗一样。

由此可知，智慧摧毁无明、眼见色法、吸铁石吸铁之类也都等同所立。

如果对方说：虽然没有触及，但吸铁石等处于可以吸引等的地方就能形成自己的果。

驳：那也不合理，如果没有触及，那么位于远处与中间隔断的其余地方，既然都是没有触及的地方，那就不应该只有可以吸引等的地方才是适宜的对境，所以由位于适宜的对境又如何能成立形成自果呢？

假设对方说：世间中可见。

驳：并非如此，像你们那样认为，世间中并没有见到。在世间人根本不会对对境等进行触不触的观察，而认为灯火等就能照亮等。不涉及所说的分析才承认灯火除暗、眼见色法、吸铁石吸铁等。所以，像你们所说那样在世间中并不曾见到。或者说，世间人虽然见到这样，但在分析真如时，世间人不是正量，因此它不能有妨害。由此可见，没有触及而照亮不合理。

如果缘取对境等就是触及，那也不合理，因为，触及就成了一个，是一体，并不存在自本体中见、吸等情况。假设不具备理由，那么这就是虚假的意义。虽然世间名言中没有触不触及等概念，但胜义中也成了承认离开理由之宗，因此应当观察真如而趋入。对此还可广说，但恐繁不述。

假设认为灯火能自照照他，那么也必然要思择作为所对治法的黑暗也应能自蔽蔽他：

若灯能自照，亦能照于彼，

暗亦应自暗，亦能暗于彼。

由于是对立法，如同灯火一样，黑暗也能起到自蔽蔽他的作用。所以，如他法一样也能遮蔽自己。假设黑暗能遮蔽自己，那么遮蔽了黑暗的缘故，也就见不到黑暗，就像瓶子等一样。为此，《优波离请问经》中也云：“极喜此教中，舍俗而出家，有果成殊胜，悲尊亦说此，弃俗出家已，获得一切果，衡量法自性，无果无得果，然证当证果，奇哉大悲尊，佛说种姓妙，彼生大稀有。”《圣宝积经》中也说：“如有在家人，长久燃灯火，不思暗自住，不思此不去。显现灯火时，黑暗无法住。依灯无黑暗，无二无执念。依无漏圣智，不积无明惑。智慧与烦恼，恒时不相依，不思智惑无，依智无无明，无二如空花，智痴二法空。”

此外，假设由生能产生本身，那么它是已生的法还是未生的法产生自本性？两种情况均不合理：

此生若未生，云何能自生？

若生已自生，生已何用生？

假设以未生的生能产生自本性，那么空中花也可以产生自本性了。如果已生的生能产生自本性，那么已经产生，依其他生有何必要呢？为此，生并非产生自己。

接下来说明如何不生他法：

生非生已生，亦非未生生，

生时亦不生，去来中已答。

假设有少许生成立，那么它就是依靠生产生，可是生少分也不存在，因为三时中无生，这一点在前文中以已去、未去、去时已经讲明。

如何讲的呢？已去中无去，因为过去与现在相违；未去亦无去，因为未来与现在相违；去时亦无去，因为除了已去、未去以外的去时不可得。同样，已生无有生，因为过去与现在相违，生的所作已灭，就称为已生，所谓的生，所作应该是现在所摄。因此，如果说已生是生，那么过去与现在二者就成了同时。未生也不生，因为未来与现在相违。正在生时的法也不生，因为除了已生与未生之外的生时不存在。为此说“生产生他法”不合理。

他宗说：唯有生时有生，不是已生也不是未生。如果认为未生与已生不同的生时不存在，所以生时不是生，这也并不合理，为什么呢？此处具有生的所作，就称为生时，因此，生存在，依于生而成立生时，为此唯有生时有生，生时也是由生产生。

驳：

若谓生时生，是事已不成，
云何众缘合，尔时而得生？

如果说“依于生才成立为生时，它也就是生”，那就需要分别说出依于此法的生而成为生时，可也并不能那么说。也不能分别确定说那个生时是这个生时，因为没有产生就不能认定它的法相不可得。所以，生时不存在的缘故也无有生的所作，既然生不存在，又如何依于它而有生时呢？为此，“生时有生，它也是以生产生”的说法不合理。

他宗说：呜呼悲哉！仅仅依靠虚伪传讲如来的经典明显擅长破自己的观点、失毁了大仙人所说的胜义谛具有依缘而起的法相、不见未见之法而声称一切全然不存在的你们极其恐怖，出有坏如来如此说：“有此而此起，此生而生此”等，已经无误表明了缘起法。破除了声称自性、自在天、体性、时间、微尘、无爱子等为作者之说，阐释了诸法的真如。对此，如果你们以“生非生已生，亦非生未生，生时亦不生”等来驳斥它，那就是抹杀如来所建立的缘起法。所以，应该与说无有一切的你们进行辩论。

驳：并不是我们失坏了如来建立的缘起法，而是你们对甚深殊胜的缘起没有信解，以至颠倒受持其义，却对我们进行诽谤，如来出有坏所说的依缘而起，明明是讲诸法无自性，为什么呢？

若法众缘生，即是寂灭性。

凡是具有存在自性的法，自本性不失而持有自己的自性而存在的缘故，也就不观待某个他法，也无有产生，如果承认诸法有自性，那么又怎么会有缘起呢？所以，只要你们承许有自性，那么何时何处都对万法缘起有妨害。因此，对“谁见缘起，彼见正法，谁见正法，彼见佛陀”圣教中所说见法与见佛也有妨害。我们宣说依于“种子”的因产生“苗芽”的果，这两者也是缘起寂灭远离自性，那么一切时处都是开显出有坏如来之般若佛母的缘起法。

可以决定明确地说：

是故生生时，是二俱寂灭。

他宗说：你们的“若谓生时生，是事已不成，云何依于生，尔时而得生”不合理，原因是，所谓生时可以产生，如同依靠瓶子的生而形成瓶子的生时，生时也能以生产生。

这种说法不合理，原因是：

若有未生法，说言有生者，

此法先已有，更复何用生？[1]

假设在产生之前，某个未生的“瓶子”就已经存在，那它就依于生的作用来产生，可是在产生之前何处也不存在少许这样的情况。如果瓶子不存在，那么又能产生什么呢？

如果认为：虽然瓶子在产生之前不存在，是产生以后才可得到瓶子的名称，所以，用未来的名称无有过失。

驳：这也不合理，假设已有生的所作，那么当时就会得到了已经成立的有实法的瓶子，与未来的法无关，没有涉及所作，又怎会成立现在存在呢？

如果说：依于非瓶而开始运作，那么必须讲清楚非瓶到底是什么？它应该是一个什么样的法呢？是氆氇吗？还是什么也不是的一个法？假设是正在产生的氆氇，那么它产生以后怎么会变成瓶子呢？如果是什么也不是的一个法，那当时怎么进行实施它所依的所作？或者它产生以后怎么会变成瓶子呢？因此，“未来的”这种观点在何时何地都不合理。为此“生时也不是以生产生”是成立的。

1　“此法先已有，更复何用生”，在藏文版本中是“此法先已无，更复何能生”。

此外，虽然已经认定生时生不合理，但还是要以你们宗派承认的观点来说：

若言生时生，是能有所生，

何得更有生，而能生是生？

假设你们宗派的生能产生生时的法，那么现在必须要讲讲那个生是以生自己产生还是以他法产生？如果这个生的能生是另外的生，那么就应成无穷的过失：

若谓更有生，生生则无穷。

这一点已解说过。

如果不承许这是另外的生，那不就是说“无生中又生生”了吗？所以，以生产生的一切法也成了由无生中产生，因为是有实法，如同生。

离生生有生，法皆自能生。

此外，对于声称以生能自生与生他的此宗，现在我们并不是讲他们的过失，为什么呢？是破斥此宗：

有法不应生，无亦不应生，

有无亦不生，此义先已说。

“有果及无果，缘者俱不可”“若果非有生，亦复非无生，亦非有无生……”前文中已经破了生。如此遮破了生，就不会有“以生产生生时、自性生他性生”的分别念。为此，又怎能成立“生之生、生时生、自生他生”呢？

再者，如此思择这个生，是认为与无常相联现在正在灭的一个法，还是过去与未来离开了无常、不是灭的一个法？这两种情况均不合理：

若诸法灭时，是时不应生，

法若不灭者，终无有是事。

现在正在灭的法，不应该是产生，因为已存在。过去与未来的法离开了坏灭，与有实法的法相不同，不是正在灭时，也如同空中鲜花一样无有产生。

这般宣说了法无生后，接下来分析住。

他宗说：诸法的生存在，因为有了产生才会存在，无生就不会有住，有生才有住，所以住是生继续存在。因此生也存在，因为有了生，有的法才会安住。无有的法不会有生，也不会有已有的法继续存在，就如同空中鲜花的芳香。

驳：假设有存在的法，那它就有存在的住，如此生也就存在，可是住并不存在：

不住法不住，住法亦不住，

住时亦不住，无生云何住？

住法不住，因为住的所作已经灭尽，不住法也不住，因为离开了住法。住时也不住，否则住应成两个，与住、不住不同他体的住时不存在。

此外，无生怎么会有住，因为在此已经破了生，所以又怎么会有住呢？没有产生的法怎么会继续安住呢？所以，住在一切时处都不存在。

再者，观察住是在灭时还是非灭时存在，两种情况均不合理：

若诸法灭时，是则不应住，

法若不灭时，终无有是事。

如果有实法正在灭时，趋向灭尽，那么它就不会有与之相违的住。不是正在灭时的有实法，就不成为有实法，那它又怎么会有住呢？

此外，一切有实法刹那也不离开老死，有实法不会有与老死相违的住，下面说明：

所有一切法，皆是老死相，

终不见有法，离老死有住。

离开老死而有住的有实法存在吗？意思就是指住不存在。

此外，你们认为这个住有使之安住的其他住吗？还是自己就能使自本性安住？两种情况均不合理：

住不自相住，亦不异相住，

如生不自生，亦不异相生。

如同“此生若未生，云何能自生……”所讲的生不自生一样，住也不自住，可以类推：“此住若未住，云何能自住，若住已自住，住已何用住？”又如同“若谓更有生，生生则无穷”所讲的生一样，可用于住上说“若谓更有住，住住则无穷”。如此住也不合理。为此，世尊说：“此等法不住，此等非有住，无住虽说住，自体非可得。世间之怙主，非说住与生，是故世间怙，依理觉等持。”《圣般若摄颂》中也说：“风依虚空水依风，大地依水生依地……无住是住佛说住。”其中有广说。

对方说：生与住是有的，因为与其同行的法存在，这里一切有为法与生住法相并行的无常存在，所以生、住也存在。

驳：假设无常存在，那么生住就存在，可无常并非存在，为什么不存在呢？

法已灭不灭，未灭亦不灭，

灭时亦不灭，无生何有灭？

假设有个所谓的“无常”存在，那它是灭法、未灭法还是正灭的法，已灭的法不应该称为灭，因为过去与现在相违。未灭法也不合理，因为它不具备灭的缘故，未灭法如何能灭呢？因为互绝相违。正灭时也同样不灭，“灭时亦不灭”，因为正灭并不存在，否则灭应成两个。三时中都不可能有灭，所以灭不存在。既然灭不存在，又怎么会有与它并行的生、住呢？

此外，前面已经破了生，由于生不存在，灭也不存在，所以说：“无生何有灭？”

再者，这个灭是在住法还是不住法中存在？两种情况均不合理：

若法有住者，是则不应灭，

法若不住者，是则不应灭。

与灭相违的住法没有灭，不住的法，不存在的法也无有灭。所以，灭在一切时处均不合理。

另外，假设有个灭，那么它是以自身阶段灭自身阶段还是以他法灭而变成他法？一切情况都不合理：

是法于是时，不于是时灭，

是法于异时，不于异时灭。

处于牛奶的阶段，以牛奶的阶段它本身不会灭牛奶的阶段，因为对自己的本性行事相违。以他法——酸奶的阶段也不会使牛奶的阶段毁灭，否则牛奶与酸奶的两个阶段就成了同时。如果这两者成了所灭与能灭的法，那么酸奶的阶段就不存在牛奶的阶段。假设无有的法能使他法毁灭成无有，那么以兔角的锐利也能毁灭他法了。因此，以其他阶段不能毁灭另外阶段。

对方又说：虽然自身阶段不能灭自身阶段，以其他阶段也不能灭其他阶段，但是牛奶的阶段是有灭的，所以也有生。

驳：哎哟哟，你们实在是太愚笨了，以前面讲的道理说明：

如一切诸法，生相不可得，

以无生相故，即亦无灭相。

难道这一点不是非常明显地宣说了灭相不可得吗？

再者，假设有个所谓的灭，那它是有实法还是无实法？

有实法，不会灭，没有从存在的法中退失，就不应该有灭，为什么呢？

若法是有者，是即无有灭。

如果没有失去存在之法的自性，那就不应该灭。为什么呢？

不应于一法，而有有无相。

所谓某法灭了，那就是无实法了，也就是存在的法变成了不存在。所以，如果说存在的法有灭，那就承认了有实与无实二者在一个事物上存在。如果是一性，那么有二法就不合理，假设是有实法，那么当时由于灭是无实法所摄，故称为有实法就不合理，因为并没有离开与无实法相违的有实法。所以，如果有实法与无实法是一体，则可以说那个法既不是有实法也不是无实法。如果完全是一体，那么由于互绝相违，如光明与黑暗，故既是有实法又是无实法不合理。因此，存在的法有灭不合理。

若法是无者，是则无有灭。

无实法，也无有灭，因为不存在故如同空中鲜花。

譬如第二头，无故不可断。

举个人们共称的例子，由于第二个头不存在，因此不可能砍断它，并非是以不具全而称为无有的。所以，有的法与无的法都无有灭。既然这两种法都无灭，又以什么其他法而有呢？应当证悟无灭。

此外，假设认为灭，就是一切有实法灭。那么承许还是不承许是自灭、他灭？假设承许是自灭他灭，则不合理，原因是：

法不自相灭，他相亦不灭。

说明如何无有灭：

如自相不生，他相亦不生。

就如同所说："此生若未生，云何能自生……"生不以自本性生，同样，灭也不能以自本性而灭。如何不以自性而灭呢？可以如同生一样说："此灭若未灭，云何能自灭？若灭已自灭，灭已何用灭？"

灭并非以自本性而灭，也不存在以他性而灭。如何不以他性而灭呢？如同："若谓更有生，生生则无穷……"同样，对灭也可说："若谓更有灭，灭灭则无穷，离灭灭有灭，法皆自能灭。"所以，也不存在以他性灭。为此无有灭之灭。

对方说：如果认为灭无有灭，那是不合理的，假设灭无有灭，则当时离开了灭的缘故，就失去了有为法的法相。为此，假设对灭法观察灭，灭也不该再灭。即使在未经观察的情况下，也不合理，那如何以他法而灭呢？若这般分析，则对于你们来说灭也不合理，因此，有两者的过失，不应当对一者驳斥。

驳：这对我们自宗来说不成为反驳，因为诸法本身无有自性，它们也无有自性，在未经观察下成立的道理，是靠近凡夫耽著真实的名言道，按照我们的观点，并没有对他们所说的分析。世间的诸法如幻如梦，如寻香城等，只是在远离正理、以无明眼翳丧失慧眼的世间人面前成立，唯是相互观待成立，是凡夫的承许。如《四百论》云："有如旋火轮，梦幻与水月，晨霭与回响，阳焰与云雾。"

如果有所生，那就有能生，若有能生，就有所生，若有能灭，就有所灭，若有所灭，则有能灭。因为承认世间的名言，我们宗派怎会有等同应成的过失？

驳：按照承许灭无有因而说一切有为法是刹那性者的观点，如同空中花，无因而无灭的缘故，诸法又怎会是刹那性？离开了灭，又怎能成立是有为性呢？所以，他们的一切都成了不合理。

如果认为："以生之缘名老死，有为之法相也集于行蕴内"，出有坏佛陀不是明明宣说了灭有因吗？由于仅仅观待生故也容易证成是刹那灭，为此，一切是合理的。

驳：如果认为这个"灭"是无实法，那么对于无实法，因有何用呢？因此灭是无因的。

对方说：这样一来，有实法难道不也成了无因吗？有实法是指存在的法，凡是已存在的法，因有何必要呢？已生不用再生。由此，一切法都应成无因，所以这种观点不合理。

再者，如同先前不存在、后来存在的缘故，生是有因的，同样，应当承许灭也有因。灭也不是在一切时候都变化，因为它在产生之前不存在、后来存在，对于无实法而言因有何用的说法也不合理，为什么呢？

我们不承许因能对灭起少许作用，但是说灭本身就起到作用。

假设说：这样一来，正在起作用的缘故，灭不也成了有实法吗？

这一点是承许的，灭观待自本性是有实法，是色等法消失的自性，是无实法。此外，死亡也有两种作用，既能使行灭，也是产生无明相续不断的因。教证中难道不是说了灭有因吗？

另外，如果承许：没有他宗假立的有实法，而具有有实法法相的空性是有实法的本体。

那么为何不承许无实法是有实法呢？因为是有实法，又如何会是空性无为法呢？由此将失毁一切承许。下文要讲道："涅槃是无为，有无是有为，有无二事共，云何是涅槃？"本来还可再广说，但恐繁不述，下面言归正传。

假设对方说：尽管破了有为法的生住灭，但具有差别之法相的有为法是存在的，坚硬等、垂胡等就说是它的别法相。所以有为法存在的缘故它的法相也存在。

驳：假设有为法存在，那就成了这样，可是有为法并不存在：

生住灭不成，故无有有为。

以上述的道理完全遮破了生住灭，那么有为法怎么会存在呢？由此又怎会有它的差别呢？

对方说：有为法存在，因为它的对治——无为法存在。

驳：假设无为法存在，那么的确就成了如此，可是无为法并不存在，原因是：

有为法无故，何得有无为？

对此，有些人认为“虚空、非抉择灭、涅槃是无为法”。还有人认为具有真如法相的空性是无为法。

驳：可以明确地说，这一切都因为有为法完全不成立而不存在。

对方问：如果确定说生住灭不存在，那么具有无碍智慧的能仁说“诸比丘，有为法亦明显生，亦明显灭，亦明显由住中转异”又如何理解？

答：

如幻亦如梦，如乾闼婆城，

所说生住灭，其相亦如是。

犹如幻术等一切，虽然自性无生，但在世间中可以说幻术等，幻等是由心识所证知。同样，生等也是自性不存在，但出有坏佛陀仅是从世间共称的角度才宣说的。如云：“皮壳集骨肉，起是妻之想，凡愚生贪欲，不知如幻女。如女于梦中，生子复见死，生喜死不喜，诸法如是知。有如寻香城，阳焰及梦幻，诸法如是知，观相体性空。”又云：“有为无为皆远离，彼等仙人无分别，众生获得无为法，相续远离一切见。何者了知如是法，恒常不贪不嗔痴，彼心自性平等住，彼具威力等持力。”

月称论师亲造之《显句论》· 第七观三相品释终

第八　观作作者品

他宗说：具有有为法自性的识等有为法是存在的，因为它的因作业与作者存在。佛陀也说："与无明相系之补特伽罗，亦现行福德现行业，亦现行非福德业与不动现行业……"由此也说明了业的作者、业与果——识等有为法。任何法有作者，它就存在，如瓶子。任何法无有能作，它就无有作者，如龟毛衣。

驳：假设它的能生业与作者存在，那么识等有为法就存在。可是业与作者并不存在：

决定有作者，不作决定业，

决定无作者，不作无定业。

因为有所作才是作者。只是作少许也称为作者，没有作则不是作者。下面来观察能作是成立的作者、不成立的作者还是既成立又不成立的作者？作者就有已成立的作者、不成立的作者、既成立又不成立的作者三种。其中，已有所作而成立的作者不作已有所作成立的业，这是一个立宗。接着是无有所作而不成立的作者，也不作无有所作不成立的业，这是另一个立宗。

为证成第一立宗而解说：

定作者无作，作者亦无业，

决定业无作，是业无作者。

说有作者，是具有所作之因的缘故，唯一是以离开还是具备作的所作，而得出作者的结论。所以，在已得出具足所作因的作者的情况下，就无有其他成为作业的另外所作。何时由于无有所作以致作者不作业，当时就成了不观待作者、无有作者的业，可事实上也不可能存在无有作者的业，如石女儿作瓶子。如此一来，应成“决定作者无有所作”，也成了“无有作者的业”的过失。因此说：“决定有作者，不作决定业。”

现在说明“决定业也不是作者作”。

所谓决定业，是指已有所作，已经得出有所作因之业的结论，后来也就不会再有作那种业的其他所作。如此就是“决定业无作”。在无有其他所作的当时决定业不是作者作的，在业无有第二个作而不作的当时那种业的作者就无有业，无有作业、不作业而成为作者也是不合理的，不是无间业，不会见到无间业的作者。

真实证成“决定有作者，不作决定业”后，接下来说明：“决定无作者，为何不作无定业？”

决定无作者，若作无定业，

作者及作业，即堕于无因。

决定无作者是指不具备所作，所作也就是名为作者的因。所以，离开了所作的作者也成了无因。

如果承许说无因，也就完全遮破了因与果：

若堕于无因，则无因无果。

如果已经承许因，那么“以因所生的法就是果，其能生就是因”的说法就合理，如瓶子之因是泥土，瓶子是果，轮盘等是它的能作因。

如果承许说无因，则不观待因的缘故，就如同空中鲜花一样，瓶子就不存在。如果瓶子不存在，那么它的能作因又岂能存在？因此“若堕于无因，则无因无果”。

所以：

无作无作者，无所用作法。

如果无有果与因，那么能作怎么会有所作呢？陶师因为拥有某个所作才成了作者，泥土也以它的增上因成立作业，按上面的道理通过这种途径来作就不合理了。如此就说“无作无作者，无所用作法”。

若无作法等，则无有罪福。

天赐有戒杀的所作行为，自然而然成了作者，由作业而作戒杀的行为时，他会产生福德，同样也可类推，以善的所为善业道作应行的十善，供养三宝、父母及其他应供处等的法。反过来说，如果无有作法、作者与作的行为，那么杀生等非法也应成无有。何时无有法与非法，那时它的果也就不存在，下面说明：

罪福等无故，罪福报亦无。

如果法与非法二者不存在，那么由法与非法所生的所欲求的果与不欲求的果也不复存在。因此：

若无罪福报，亦无大涅槃。

假设世间道的果——四禅与四无色的善趣存在，那么当时为了它而修世间道就正确，假设涅槃解脱的法存在，就会为此修出世间的八圣道。何时果不存在，无有果，就不该有解脱与善趣的道。

此外，如果无有果，那么：

诸可有所作，皆空无有果。

如果务农、经商、打工等凡为了结果所作的一切都无有果，那是不合理的。为此，“诸可有所作，皆空无有果”。实际这些也并非枉然无义，否则就成了一切罪的来源——诽谤善趣、清净解脱，也成了众生地狱等大险地之因，与可见不可见的因法相违。因此，“决定非作者，而作无定业”的这一观点绝对下劣。

真正证成两个立宗后，接下来说明两个作者的本体也不作两种业的本体：

作者定不定，不能作二业。

具有所作行为成立的作者与不具所作行为不成立的作者均不作已成立的业与不成立的业。为什么呢？

有无相违故，一处则无二。

一法中，同时既是具所作又是不具所作是不合理的。所以，成立的作者与不成立的作者都不作成立的业与不成立的业，因为它们不存在。

如此宣说完同品过失后，接下来对异品也进行破斥而解说：

有不能作无，无不能作有。

若有作作者，其过如先说。

具有所作成立的作者，不作不具所作不成立的业。为什么呢？因为这也会成为前面的那种过失。“决定业无作，是业无作者”成立的作者不作成立的业，也不作不成立的业，否则不成立的业就成了无因，有“若堕于无因，则无因无果……”一切过失。因此关于异品方面，以前面已说的理由来遮破，也就不需运用其他推理。如同所说“决定有作者，不作无定业”一样，随应也可说“不具所作行为不成立的作者，不作成立的业”。

这样对异品方面逐句分析来指明过失后，现在对每一句用两句分析来指出过失：

作者不作定，亦不作不定，

及定不定业，其过已先说。

成立的作者，既不作成立的业也不作不成立的业，又不作既成立也不成立的业，这一点以上面的理由已经宣说“定作者无作……”说明成立的作者不作成立的业。“亦不作不定，业则堕无因，若堕于无因，则无果无因……”

已经阐述了过失（说明成立的作者不作不成立的业）。成立的作者也不作既成立也不成立的业，这一点在“有无相违故，一处则无二”已说明。以上是成立的作者不作成立的业与不成立的业。

现在说明不成立的作者也不作成立的业、不成立的业：

不定之作者，不作定不定，

及定不定业，其过先已说。

不成立的作者不作成立的业与不成立的业，否则不成立的作者就成了无因，“若堕于无因，则无果无因……”已经指明了过失。不成立的作者也不作成立的业，否则应成“定作者无作，作者亦无业”。不成立的作者也不作既成立也不成立的业，“有无相违故，一处则无二”已说明。

现在宣说，既是成立的作者又是不成立的作者二俱的本体如何不作成立的业与不成立的业任意一种：

作者定不定，亦定亦不定，

不能作于业，其过先已说。

因为前面已讲过“作者定不定，不能作二业。有无相违故，一处则无二”，否则应成“定作者无作，作者亦无业”。再者“决定无作者，若作无定业，作者及作业，即堕于无因。若堕于无因，则无果无因……”已经讲明过失。所以，同品与异品的法，作者与作业何时何地都不应该成立。为此说“识等有为法的自性存在，因为它的因作业与作者存在”是不合理的。

他宗问：你们是一口咬定“诸法不存在”这一点吗？

答：并不是。对于说“诸法有自性”的你们，才可能离开有实法而诽谤一切业，而我们认为依缘而生的缘故诸法自性了不可得，因此会诽谤什么呢？如《宝鬘论》云：“阳焰思谓水，是故往彼处，设执谓水无，此即愚痴者。如是似阳焰，世间说有无，此执乃愚昧，有痴不解脱？不知先假立，后即决定彼，尔时不得实，岂能成无实？”对于“诸法无自性”，怎会有所谓的“成立”呢？世俗中如阳焰水般的有实法，是世间人的颠倒承许，仅是承许以彼此因缘成立，并非以其他成立：

因业有作者，因作者有业，

成业亦如是，更无有余事。

不观待所作与作业就不是作者，因此作者是观待作业而成，不是作者却正在作业相违，也就不成为业，因此正做的事才名为作业，所以作业也是依于作者而生。如此作业与作者只是相互观待成立，而真正成立的其余因，谁也不曾见过。

如同作业与作者二者相互观待成立一样，同理类推其余一切法也是如此：

如破作作者，受受者亦尔。

所谓“亦尔”，是指刚刚讲了作业与作者的名言太过。以此说明近取——受的所作，自己的能立作者也就是近取者——受者，所受的业、受与受者也如同作业与作者一样是相互观待成立，并非本性成立。

若问：为何不是本性成立呢？

“如破作作者”。破是遮遣，意思就是，凭借推理破了作业与作者，通过所说的那些理由可知受（近取）与受者（近取者）也已被遮破，这一点是合理的。

通过破作业与作者，不仅说明这两者完全是相互观待成立，而且推及一切法：

及一切诸法，亦应如是破。

有智慧者应当了知，作业与作者、受与受者，与之不同的所生能生、去与去者、所观能观、法相事相、所起与能起，分支与有支、功德与功德者、量与所量等其余一切法，都可依靠分析作业与作者而破除它们本性存在，是相互观待成立的。有关它们的分析方法当从《入中论》中了解。

假设问：由于依靠“及一切诸法，亦应如是知”就可了悟受与受者的意义，还列举出它们难道不是不合理吗？

这是对的，但应当知道作为主要所分析的受与受者另行举出。如此后面诸品也基本上都提到这两者的观察。因此，世尊也说：“我说地狱极可怖，成千众生不厌离，死后堕入苦恶趣，彼等众生永非有。出使利剑长箭刃，能作害者则非有，分别所感恶趣中，见落身上兵器无，种种悦意花绽放，金色妙宫灿合意，于此亦无少作者，随分别念所安立。分别假立世间界，由执著想成凡愚，执非执著亦非起，妄执如幻如阳焰。”

月称论师亲造之《显句论》· 第八观作作者品释终

第九　观本住品

正量部说："如破作作者，受受者亦尔"的说法不合理。因为：

眼耳等诸根，苦乐等诸法，

谁有如是事，是则名本住。

眼、耳、鼻、舌等诸根以及受、触、作意等，是由受者取受，其中的受者是在取受之前就存在的。

为什么呢？

若无有本住，谁有眼等法，

以是故当知，先已有本住。

天赐已经存在，才能享用财产等，而不存在的石女儿并非能享用。同样，假设在眼等诸根之前人我不存在，那么也就不会有取受眼等。所以，就像在财物之前天赐就存在一样，在眼等诸根之前，能取受此法的人我是存在的。

驳：

若离眼等根，及苦乐等法，

先有本住者，以何而可知？

安立“人我在眼等根之前就存在”，它是以什么而安立的呢？如此立名为人我的因是眼等根，假设认为在那些根之前人我就存在，那么就如同瓶子与氆氇一样不观待眼等根，任何法不观待自己的因，那就是无因，如同不观待财产等的具财者一样是不存在的。

此外：

若离眼耳等，而有本住者，

亦应离本住，而有眼耳等。

假设认为在眼等诸根之前，就有个所谓的人我，它能受用眼等，如此一来，毫无疑问，眼等这些根也应在无有人我的情况下存在，就如同在与财物相关联之前，天赐就与财产分开存在，可享用各自成立的财物及成为他法的外境等。同样，受者也是与受法眼等本身不同他体而存在。实际这也是不可能的：

以法知有人，以人知有法，

离法何有人？离人何有法？

所谓“这是此法的因、这是此法的果”。种子的因能表明苗芽的果，它的果也能表明种子的因，同样，假设说这是此法的受者，眼根等受法能表明某法的主人我，所谓这是此人的受法，以我能表明眼根等受法，那么当时相互观待而成立受法与受者，何时无有受者而承许另有眼根等，那当时无有所依的它就不存在。所以这两者均不成立，因此，“与眼根等他体的受者是本住”的这种说法不合理。

他宗说，对声称“眼耳等诸根”等的宗派来说，假设承许在眼根等诸根之前有本住者，那就会有这种过失：

一切眼等根，实无有本住。

但我们承许是在每一个根之前就存在本住者，那当时：

眼耳等诸根，异相而分别。

如果说，所谓见者以见能表明，并不是依靠耳等根而安立，所以，并没有上述的过失。

驳：这种说法也不合理，为什么呢？因为离开了眼等根，就无有受法，无有因——离开了能表明，本住就不存在。

若眼等诸根，无有本住者，

眼等一一根，云何能知尘？

既然在一切根之前人我不存在，那它也不会在每一个根之前存在，例如，在一切树之前无有森林，当时在每一棵树之前也不会有森林，一切沙子都不能出芝麻油，一一沙子也不会有芝麻油。

此外，如果承许在每一个根之前有本住，那么就承认了在一切根之前有本住，因为除了每一个根以外诸根是没有的。所以，本住在一一根之前存在的说法不合理。

不合理之处还有：

见者即闻者，闻者即受者，

如是等诸根，则应有本住。

如果在一一根之前有人我，那么见者就是闻者，这种说法也不合理。假设真是这样，那当时离开了见之行为的闻者也成了见者，离开了听之行为的见者也成了闻者，如此离开了见的行为也成了见者，离开了闻的行为也成了闻者，这种情况恐怕谁也没有见过。所以这种观点不合理。为了说明因为各自所作有不同他体作者的缘故怎会有上述这种情况，而说“那种观点不合理”。

佛护论师说：我若是一个，则应成行于其他根，如人去往另外的窗前。

清辨论师破斥说：“存在于一切的我并没有行往其他根，所以不应该有这些过失。”

这种破斥是不合理的，因为是在破佛教自宗假立的人我时，也并不承许它是存在于一切的。所以应该有应成的过失。

如果对方想断除所说的过失，而认为：

若见闻各异，受者亦各异。

驳：那也不合理。

见时亦应闻，如是则神多。

如同与黄牛他体的马在黄牛存在的同时不是不可并存，同样，假设闻者与见者是他体，那么见者存在时，它也可并存。但由于不承许这一点，就不是以他体存在。此外，如果是这样，那我就成了众多，因为承许见者、闻者、受者等各自分开成立。所以，所谓的人我在眼等一一根之前也绝不存在。

他宗说：我是在眼等一切根之前存在的。

驳：如果我存在，那么依何可知？

他们回答说：眼等诸根之前，在名色位，次第由名色之缘产生眼、耳等六处的四大种是有的，所以在眼根等之前，具有四大种近取（受法）的我是存在的。

驳：

眼耳等诸根，苦乐等诸受，

所从生诸大，彼大亦无神。

大种中产生眼根等，有近取大种因的这个我存在不合理，以前面所说的理由可知。前文说到“离法何有人？离人何有法？”于此也应当这样讲解。

假设在近取大种之前，我已经成立，那么它可以取受大种，可事实并不是那样，否则我就成了无因。本不存在的法又如何取受大种呢？所以如同眼根的受者一样，关于大种的受者，过失已讲，不必再说。因此，大种也不存在。

对方说：虽然破了我，但眼根等是存在的，因为没有遮破它们。瓶子等不是我的自性，与眼根等无有关联。所以唯有与它们有关联的我绝对存在。

驳：假设眼根等存在，那么我也就存在，可是眼根等并不存在。眼根等是我的受法，说它不存在，由于受者我不存在，眼根等受法又岂能存在？

若眼耳等根，苦乐等诸法，

无有本住者，眼等亦应无。

在思维“眼等是谁的”时，说一切不存在，那不就明显说出了眼等也不存在吗？因为眼等不存在故我不存在。

对方说：认为无我这一点，你们确定吗？谁刚刚不是说：“因为眼等不存在故我也不存在”吗？

我们虽然这样说了，但此义你们并没有真实抉择。为什么呢？说“具有有实法自性的我存在”是假立，它并不是本性存在，我们也是说作为非真实之颠倒的对治它能断耽著自性的词句，并非是假立它的无实法，如此耽著有实法与耽著无实法这两种都是所断。如圣天论师说：“汝我非我我，无定我故无，于诸无常法，亦生分别念。”下面说明此理：

眼等无本住，今后亦复无，

以三世无故，无有无分别。

在眼等诸根之前无有我，因为离开了眼等我是不存在的，“我”也不是与眼等并存，各自分开不成立，不曾见到有并存，如两个兔角般不存在相互观待的我与取受也是各自分开不成立的缘故，现在也不存在，以后也不存在。假设眼等先存在，我在后面存在，那就成了将来产生，可事实并非如此，因为无有作者的作业不成立。如果这样观察我，则在眼等之前或之后或同时都不存在我，对于不可得的自性，智者谁会分别它存在还是不存在呢？所以，受与受者如同作业与作者一样是相互观待成立，并非本性成立。为此，世尊也在《圣三摩地王经》中说："无罪十力佛，说此胜等持，世众如梦境，此无谁生死。人命亦不得，法如泡芭蕉。如幻如闪电，如水月阳焰。无人离此世，迁往他世间，造业永不虚，轮熟黑白果。不常亦不断，无积业无住，作已非不遇，他作寻亦无。无迁亦无来，非有亦非无，升天非清净，有情行寂无，三有空如梦，速坏无常幻，无来亦无去，相续空无相。佛境佛功德，无生寂无相，十力总持力，此佛尊中尊。"

月称论师亲造之《显句论》·观本住第九品释终

第十　观燃可燃品

他宗说："受与受者本性不成立"的说法不合理，因为有观待的一切有实法都可以见到有本性，例如，依靠柴生火，火并非无有自性，因为热性、能燃、自性与果都可以得到。同样，观待火才成立是柴，它并非无有自性，因为它是所燃四大种的自性。如此观待受的受者，观待受者的受也是本性存在。因此，如同火与木柴一样，受与受者也会产生。

驳：假设火与木柴存在，那就是这样，可它们并不存在，假设火与柴存在，那么它们必定是以一体或他体而存在，但这两种情况均不合理：

若燃是可燃，作作者则一，

若燃异可燃，离可燃有燃。

柴是所燃，使木材等成为作业的能燃是火，假设说柴是火，那作者与作业就成了一体。这种现象见所未见，否则陶师与瓶子或所砍伐与砍伐者就应成一体。这一点谁也不会承认。如果柴与火是他体，那么不观待柴得不到火。瓶子以外的氆氇不观待它不是不可见，但不观待柴的火并非如此，所以这种观点不合理。

再有，假设柴与火是他体：

如是常应燃，不因不燃生，

则无燃火功，亦名无作火。

如果承许柴与火是他体，那么就成了恒常燃烧，而且能燃不是由因生，再者功用也成了无义，如果是那样，作业也成了无有。

下面说明此义：

燃不待可燃，则不从缘生，

火若常燃者，人功则应空。

可以燃烧的法——可燃是柴，如果可燃的因存在，那么火就由可燃的因中产生。不是由可燃的因中产生，就是说由可燃的因中不生。假设火是可燃以外的他法，那么就成了不观待柴。是互为他体的法，它们就不观待，如同瓶子与氆氇一样。由于不观待他法故就不会由可燃的因中产生，结果就成了恒常能燃烧。如果观待可燃的火不存在，那就成了灭亡，在不观待可燃时，也不具足灭的缘，因此就成了恒常燃烧。如果火恒常燃烧，则由于不灭，故近取五蕴的人与点燃等功用就成了无义。这样一来，火无有作业同时也成了作者。实际无有作业也不会是作者，如同石女儿。为此，火与柴是他体也不合理。

对方说："若燃异可燃，离可燃有燃"的说法不合理，在此，火与柴虽然是他体，但并非无有柴而有火，为什么呢？因为成为可燃的事物具足火所燃的法相就是柴，火也是依靠它得到，而并非是各自分开。这般与火相关联才称为柴，火也是依柴而得，并非各自分开。无有成为"若燃异可燃……"

的过失。

驳：这种观点也不合理。下面说明：

若汝谓燃时，名为可燃者，

尔时但有薪，何物燃可燃？

假设认为可燃的事物、具足可燃烧的法相，就是柴，火是它的所依者。这般观察，所谓火燃烧柴也不合理，因为“尔时但有薪，何物燃可燃”。“尔时但有薪”是指正在燃烧时的意思。如果认为“火燃烧柴”，那么柴就成了“火所燃烧”。除此之外燃烧柴的其他火是见不到的。所以，仅仅火可得，才能决定火的所燃物。何时与它异体的火不存在，那时柴以何物能燃烧呢？所以火不燃烧柴，因为离开它的火不存在。既然如此，又怎么会有可燃的柴呢？因此，那一过失不可避免。此外，如果承认火与柴是他体，那就无有燃时的说法。因此，又怎能有燃时的柴？又怎么成立以火燃柴？

下面说明此理：

若异则不至，不至则不烧，

不烧则不灭，不灭则常住。

假设火与柴是他体，那么由于是他体，故如同光明与黑暗般火不会与柴接触。因为无有接触也就不会燃烧，如同存在远处的火一样。如此“燃时，名为可燃者”的说法不合理。为此，火不会灭，如果不灭，也就是具足自己的法相而常住，即是所谓常燃的意思。或者，归纳而言：由于是他体故火与柴不会接触，如果无有接触就不会燃烧，如果不燃烧，就不会熄灭，如果不灭，那自己的法相就会常住。所以，火与柴是他性也不合理。

对方说：火与柴是他体，“若异则不至，不至则不燃等”的说法不合理，因为，虽然男人、女人是他体却可见到他们有接触，火与柴也是如此。

驳：

燃与可燃异，而能至可燃，

如此至彼人，彼人至此人。

假设火与柴也像男人与女人一样相互不观待而成立，那么就成了这样，可事实并非如此：

若谓燃可燃，二俱相离者，

如是燃则能，至于彼可燃。

不观待柴而有火、不观待火而有柴的情况是不可能有的。所以这一比喻无有实义。

如果对方说：虽然是他性但依靠相互观待产生，成立接触，运用的比喻是合理的。

驳：实际它们也并不存在，它们是他性的同时有接触，这种说法不合理。

假设对方说：虽然火与柴不是像男人与女人一样相互不观待成立，而是相互观待。相互观待的缘故，火与柴各自本体成立，因为不见无有的石女的儿子与石女的女儿相互观待。

驳：

若因可燃燃，因燃有可燃，

先定有何法，而有燃可燃？

假设说“这个火是燃烧这个柴的作者”，如此观待柴而安立为火，假设说“这个柴是此火的作业”，如此观待火而安立为柴，那么这两者中谁先成立？是观待柴而有火，还是观待火而有柴？假设说柴先成立，那不合理，因为不观待火，并且不是正在燃烧时，就不是柴，否则草等一切也应成了柴。如果说首先是火，然后是柴，那也不合理，因为在柴之前并没有成立的火，否则它就成了无因，后来也无需观待。所以，观待某法而成立另一法，先成立的何法也不存在。

如果认为先是有柴，后是有火，如此一来：

若因可燃燃，则燃成复成。

假设认为“观待柴而成立了火”，那么火已成立还要成立，只有已存在、已成立本体的有实法才应观待，而不存在的天赐也就不观待任何家。假设火不存在，那就不会观待柴，所以必须承认火存在，否则观待柴有何用呢？观待柴要有结果，已经成立的火也就不用观待柴。为此，说观待柴而有火不合理。

再者，假设说依靠柴而有火，那就成了如此：

是为可燃中，则为无有燃。

假设柴没有成立，那它就不观待火，因为没有成立的法不可能观待。所以，承许无有火而成立柴不合理，因此这种情况不存在。只有同一时间，柴成立，火才成立，火成立也证明柴成立，因为不可以承认一个先成立。

如果承许说“先定有何法，而有燃可燃”，这不合理，下面解说：

若法因待成，是法还成待，

今则无因待，亦无所成法。

假设“火”的有实法观待“柴”的有实法才成立，那么要证明“柴”的有实法本性成立所观待的法又是什么？假设设它观待“火”的有实法才成立，那么现在观待何法成立何法？请讲一讲。假设火不存在柴就不成立，那当时无因而无有柴的缘故它的果火怎能成立？同样，假设“柴”的有实法观待“火”的有实法才成立，“火”的有实法可证明柴的本性，假设成立是所观待的火也观待“柴”的有实法才成立，那现在观待何法而成立何法？必须要讲清楚。假设柴不存在火就不成立，那当时由于无因而无火的缘故它的果柴怎能存在？为此，火与柴相互观待成立也不存在。

说明成立与不成立均不观待：

若法有待成，未成云何待？

若成已有待，成已何用待？

如果“火”的有实法是观待“柴”的有实法才成立，那么它是在未成立还是已成立才观待柴的？假设是没有成立的法，那么当时未成立的缘故不会观待柴，如同驴角。如果是已成立的法，则成立的缘故何用观待柴呢？无有意义，已经成立的法就不是所立。同样，对柴也可如此类推。为此，火与柴相互观待或同时并存均不成立。所以说“因可燃无燃”。

如果认为：那么，不观待柴而有火。

驳：这也不可能。

因可燃无燃，不因亦无燃。

因为已经遮破了柴与火是他体，故再有应成无因的过失。

如观待或不观待柴的火不存在一样，柴也如此：

因燃无可燃，不因无可燃。

此义，理解成刚刚所讲的内容即可，不必再说。

对方说：这种细致入微的分析对我们来说有何必要呢？我们只是因为见到现量的柴被火正在燃烧才说火与柴存在。

驳：假设火燃烧柴，那就成了这样，但火并非燃烧柴，假设柴上有火，那它就会燃烧柴，可是柴上并没有火。

燃不余处来，燃处亦无燃。

火并不是离开柴从别处而来。因为不见这种情况，无因的缘故离开柴的火无所从来，与柴一起而来无有必要，对它也与柴同样破斥、观察，结果应成无穷。所以说“燃不余处来”。同样，柴上也并没有火，因为不可得。

如果认为：就像草与水等一样虽然已经存在，但因为能明现的外缘不齐全，故先前没有见到，后来有了燧木摩擦等能明现的外缘，从中可见。

驳：草与水等能明现的外缘有何用？这一点应当分析。它对自本体起不到作用，因为已经存在。

如果说：起到能明现的作用。

这个所谓的明现，到底明什么？如果这样，那么它先前不存在的缘故，后来明现，那就舍弃了你们所说的“因中有果”，因为以前不明现、后来存在、自本体不观待生缘，也就不观待明现缘，如同空中鲜花。

此外，这种明现，是对已经明现的法还是没有明现的法明现？已经明现的法并不是所要明现的，因为还要明现无有意义，并且应成无穷；不明现的法也不会明现，因为没有明现，如同空中鲜花。如此明现并不存在。

再者，如果认为依靠众缘成了存在，变成粗法。粗法以前不存在而要造作它，所以粗法怎能以造作就成了明现？细法也由于无因而不存在，粗法怎么会由造作而明现呢？所以，一切时处，柴上不可能有火。因此说“燃处亦无燃”。

不存在的火燃烧柴也不合理，这一点不真实，你们可以见到。

另外，如同前文讲破已去、未去、去时一样：

可燃亦如是，余如去来说。

所谓可得火燃烧柴，《燃可燃品》的其余破斥，依靠“已燃无有燃，未燃亦无燃，离已燃未燃，燃时亦无燃……”已经宣说，应当了知遮破的方式与已去、未去、去时的遮破相同，由此可知火燃可燃并不存在。

现在总结所说之义：

可燃非燃者，离可燃无燃，

燃不具可燃，燃中无可燃。

如果柴是火，那么作者与作业就成了一体，以此遮破火与柴是一体。所以说“可燃非燃者”。以“若燃异可燃，离可燃有燃……”遮破火与柴是他体。所以除柴以外的火也不存在。依靠破自性与他性两方面实际也遮破了柴与火相互具有、所依能依的方面，这些也是总结，因此说“燃不具可燃，燃中无可燃”。火中并不具有柴，“此中有可燃”，分别讲解是异体还是同体？异体，就像天赐具有黄牛一样，同体就像天赐具有心、天赐具有色相等一样，对火与柴从两方面都已遮破，由此也就遮破了火具有柴。如果觉得他体的铜盆是枣核的依存处，那么火也并不是除柴以外存在，因此“燃中无可燃”是合理的。“可燃中无燃”破了他体的缘故，实际也说明破了所依能依。

如同通过观察五相证明火不存在一样，也可如此类推我：

以燃可燃法，说受受者法，

及以说瓶衣，一切等诸法。

因为所取受，受就是指近取五蕴。依于它们而观察，近取者、执著者、能立者，是执著我的对境，所以对此安立、生起我慢而名为我。那个我与近取蕴的成立的次第一切都无余应当依靠燃与可燃的讲解来通达。

如若问：一切与无余有何差别？说“一切”，可结合刚刚讲的五个方面，这五个方面，一切也就是无不齐全都如同燃与可燃一样，也当类推我与近取蕴。宣说这些，先讲了合理性，由此可知它也“无余”遮破了我与近取五蕴。应当了知，遮破我与近取五蕴都等同于燃与可燃，为说明从这两个方面来了知而说“一切等诸法”。近取和我是同体不合理，否则作者与作业应成一体。近取与近取者也并非是他体，否则应成与蕴异体的我可得，应成不观待他法等。遮破了一体与他体的缘故，我也不具五蕴，无有他体的缘故，我中无蕴、蕴中也无我。由于五相都不存在我，故如作业与作者一样，我与近取五蕴是相互观待成立。也不仅仅只是我与近取五蕴的次第是这样的次第，那还有什么？“以及瓶衣等”说明连同无余一切有实法。瓶子等是指因与果或支与有支，或法相与事相，或功德与功德者，泥土、棍子、轮盘、线、水、陶师的手功等均是瓶子的因，瓶子是果。碎片等或蓝色等是分支，瓶子是有支。大腹、器口、敞口、长颈等是法相，瓶子是事相，蓝色等是功德，瓶子是功德者。如此安立也如同火与柴一样次第类推。关于瓶子等、我、近取五蕴的讲解当从《入中论》中了知。所以，如作业与作者一样，我、近取五蕴、瓶子等均安立为相互观待成立，这真正是如来经典的无误意义。而外道宗派遍计之义的安立，是歪曲佛经之义，是极其愚痴所致。

若人说有我，诸法各异相，

当知如是人，不得佛法味。

与某某法一起运用故称为“有”。与同俱的有实法就是有，不相异是非自他、一体的意义。龙树菩萨不认为说有的人通达如来教义。近取者及施设为我的近取五蕴并存，也即“不是各自，不是相异存在”的意思。同样，泥土等因施设瓶子，它们无别而存在，非为各自，声称我与一切有实法同有的人，并没有见到殊胜甚深缘起、远离常断、依缘施设的真如。说“我与近取互为他法，果与因也互为他法……”说明各自分开、见为他性者，龙树菩萨不认为他们通达了如来教义。如云：“众生如声像，远离一异性，离迁变坏灭，无毁汝精通。”以观察燃与可燃而通达真如的瑜伽师身体不被劫末火与贪嗔痴烦恼火所焚。世尊也说：“数百劫燃烧，虚空永不焚，知法如虚空，恒不为火焚。设诸佛土燃，愿无余寂灭，住定发此愿，地毁彼不变。”此外佛陀也曾说：“如燧木燧垫，手工此三合，因缘中生火，生已速疾灭，此何来何去，智者作思寻，寻觅诸方隅，不得此来去。一切蕴界处，外空内亦空，我空无有住，法相虚空性，法相如是者，汝见燃灯证，依自随证悟，令人天证悟，非真邪假立，贪嗔恼众生，悲云降甘霖，寂凉作导引……”

月称论师亲造之《显句论》· 第十观燃可燃品释终

第十一　观本际品

他宗说：我是存在的，因为轮回存在。假设我不存在，那么于五趣轮回去来的本体中生死接连不断辗转如何流转？世尊也说："诸比丘，生老死之轮回无始无终，众生具无明之障，有爱之结，为爱之链束缚，不见流转、疾驰之前际。"由于世尊宣说了，所以轮回存在，流转者也存在，它也称为我。

驳：假设轮回存在，那么我也就存在。可是轮回并不存在：

大圣之所说，本际不可得，

生死无有始，亦复无有终。

所谓际、分、部分是不同的异名。前际就是前分的意思。假设所谓的轮回存在，那么必定像瓶子等一样有前也有后，可实际上它并不存在，世尊也说："诸比丘，生、老、死之轮回无始无终。"宣说了轮回无始无终，难道世尊不是明明讲了"轮回不存在"吗？因此，前际后际不可得。

若问：轮回不存在，又说如旋火轮，在此要分析这一点，假设世尊遮破了轮回的前与后，那么为何说"诸比丘，为灭轮回故当策励，如是汝当修学"？

答：应当了知，举出"众生具无明之障"等差别，是指唯独众生的轮回无始无终，而并不是指以真如智慧风力拔除无明障之树者，对于依靠出世间道的火无余焚尽烦恼薪者来说轮回是有边际的。

再者，若问：离开初始如何有终呢？

可以见到外在的粮食等虽然无始，但遇到火等就有终。如圣天菩萨说：“如见种子际，彼者非有始，如是因不具，是故亦不生。”说终，也是为了令困于轮回牢狱中的众生出离而在世间的名言中运用，是观待世间人的心识而言。从思维万法实相而言，轮回并不存在，又怎么能灭尽它？

他宗问：就像观待世间者的心识有终一样，为何没有说初始？

答：这样会成无因的过失，观待世间的心识轮回初始也不存在，所以要了知两种情况都无始。

他宗说：尽管轮回无始无终，但由于也不灭，故中间是存在的，所以轮回存在，因为有中间。

驳：于此一无所有的法，不存在中间，如同龟毛的衣服。你们真是可笑。

若无有始终，中当云何有？

难道不是吗？所谓的始，是指最先、最前、最初。所谓的终，是指最后、最末、相续已断。既然已经遮破了轮回始终，那怎会有中间呢？所以，轮回如虚空般远离初、中、末，只是虚名而已，如旋火轮等。由于轮回不存在，故我也不存在。

如是轮回无初无中无末，为此轮回不存在，生老死等一切先后并存的次第也不存在：

是故于此中，先后共亦无。

如何不存在呢？下面说明：

若使先有生，后有老死者，

不老死有生，不生有老死。

假设生在前，那么当时它就离开了老死，而离开老等的法不可能有，否则应成无为法。如果认为离开老死的有实法有生，那就成了认为天赐于别处没有死而在此开始生，所以轮回就成了有始，也成了无因的过失，谁也不会认为“我过去时出生”这样的前际，也成了先前不曾生而后来于此产生。

若认为：就像芒果等先前与老死无关也见最初产生，我也是同样。

驳：并非如此，因为等同所立，芒果等也是在自己的种子已灭时才产生，并非是在别处没有灭的情况下生，所以这与前面的道理等同。

如果认为：种子是树以外的他法，所以树的产生是在他处没灭为前提。

驳：并非这样，因与果不成立是他体的缘故，下文要讲道：“若法从缘生，不即不异因，是故名实相，不断亦不常。”所以，树并不是种子以外的他法，这与所立等同。又由于也不是没有死而有生，因此不应承许生在前。

如果老死在前，生在后，则会导致：

若先有老死，而后有生者，

是则为无因，不生有老死。

依靠生的缘而形成所谓的老死，所以世尊说生是产生老死之因缘，假设先有老死，那么它就成了无因，所以不合理。如云："抬起土块者，抬起当有因，抬起离于因，无有他落者。"就像抬起是落下的因，而非他法，同样这里也是说唯有生就是灭的因，并非是他法，所以灭并非无因，它就是生的因缘，唯有生是灭的因，为此也适合引用"如是有为法，有因而生起，生已复毁灭，此诸法自性"。

现在说明生与老死也不会共存：

生及于老死，不得一时共，

生时则有死，是二俱无因。

假设生与老死共存，那么生时即死，这也是不合理的，因为就像黑暗与光明一样互绝相违，同一时间生死共存也不合理。所谓"生时即死"这一点在世间中也不曾见。

此外，如果认为生与老死一起产生，那就成了无因，如同黄牛的左右角并存，而不会视为相互的果，所以这种观点不合理：

若使初后共，是皆不然者，

何故而戏论，谓有生老死？

如果生与老死先、后、共存的次第都不存在，生不可得，那么诸位圣者为何进行戏论？"何故"一词是指不可能，也就是不会进行戏论之义。既然老死都不可得，那么为何进行戏论？因为他们已经如实照见真实性。或者说，如果生等不存在，那么凡夫们为何对不存在的生及不存在的老死进行戏论？意思就是诸凡夫进行戏论，没有实质。

说明如同轮回无有前际一样，其余诸法也是如此：

诸所有因果，及相可相法，

受及受者等，所有一切法。

非但于生死，本际不可得，

如是一切法，本际皆亦无。

假设因在前、果在后，那么无果的因就成了无因；假设果在前、因在后，则先于因的果就成了无因；如果因与果同时，那二者均成了无因。同样也可类推法相与事相，受与受者，不仅仅完全是说轮回之因、讲因果等，而且能知与所知、量与所量、所立与能立、支与有支、功德与功德者等其余一切法也都可类推前际不可得。为此，《圣宝云经》中说："旋转法轮时，怙主您宣说，原本寂无生，自他涅槃法。"这是圣者除盖障大菩萨赞叹佛陀的。如云："本空不来法，无去无有住，幻性恒无实，皆净如虚空。尽说佛陀法，不尽故不见，此法前无我，无众说不尽。唯是假立说，轮回终不得，前际无法相，为令未来知，如是入事业，上下亦当生，法愚自性空，当知皆无我……"

月称论师亲造之《显句论》·第十一观本际品释终

第十二　观苦品

他宗说：我是存在的，因为与它相关的痛苦存在。在此近取五蕴称为痛苦，它也存在，痛苦也必然在某个法上有，并非无有所依，所以痛苦是有依处的，那个依处就是我。

驳：假设痛苦存在，我就存在，可痛苦并不存在。

如果它存在，那么是承许由自作还是他作还是二者共作，还是无因？

实际一切情况所作都不存在，下面说明此理：

自作及他作，共作无因作，

如是说诸苦，于果则不然。

有些人认为“痛苦是自作”，另有人认为是他作，还有人认为是共作，也有些人认为痛苦是无因生。实际上所承许的痛苦，以一切方式造作产生都不合理，这只是立宗，为了证成它而说明：

苦若自作者，则不从缘生，

因有此阴故，而有彼阴生。

“自”就是自己的意思。假设由自己造作痛苦，那么就成了痛苦的自本体造作痛苦的自本体，不会成为依缘而生，也就是不观待因缘而生的意思，因为自本体存在。无有的法不会造作自本体，这也是缘起，“因有此阴故，而有彼阴生”。为什么呢？因为依于死亡时的这些蕴而产生属于投生部分的那些蕴。所以说“痛苦由自作”不合理。

现在说明他作也不存在：

若谓此五阴，异彼五阴者，

如是则应言，从他而作苦。

假设由死时的这些蕴变成生时的那些蕴，死时的这些蕴与生时的那些蕴是他体，那么痛苦就是由他作，可是并不会将它们视为他体性，因为不存在因果相属。下文要讲：“若法从缘生，不即不异因，是故名实相，不断亦不常。”所以，痛苦也不是他作。假设是他体，那就能够说是他性，他体的那些蕴造作他体的那些蕴。可事实并非如此。因此，痛苦也不是他作的。

他宗认为：不是说“以痛苦造作痛苦而自作”。那是什么？是人我自己造作而并不是他造后施给此，所以痛苦是自作。

驳：

若人自作苦，离苦何有人？

而谓于彼人，而能自作苦。

假设认为人的痛苦具有近取五蕴的法相，是由人我造作，那么可认为我是造痛苦的人。假设痛苦造作能施予人我的痛苦，那必然要分开说出这是痛苦，这是它的作者。如果人的痛苦近取者的人造作天人的痛苦，那么就不是人自作，而成了其他众生造作。

如果承许近取虽然是不同的他体但人我是一体。

驳：这也不存在，因为与近取蕴异体的其他人我无法指出。由此可见痛苦并非人我自作。

他宗辩驳：谁说是众生自作痛苦，那是什么？痛苦是由其他众生造作，如此人与天人痛苦是他体，人也造作天人痛苦后给予天人，天人的痛苦也能给予所谓的天人，为此，某补特伽罗的痛苦是由其他补特伽罗造成。

答：

苦若他人作，而与此人者，

若当离于苦，何有此人受？

假设天人的痛苦由人造作，人也是造作那种痛苦后给予天人，那么所给予的那个天人只有天人的痛苦，除此之外怎么有别的痛苦？如此一来，由其他人造成的痛苦就没有受者了。

现在说明授者也不存在：

苦若彼人作，授与此人者，

离苦何有人，而能授与此？

某人造作天人的痛苦以后施予天人，近取施设为人，又怎么会成为与人的近取是异体呢？所以由其他人所生的痛苦并不存在。

所以：

自作若不成，云何彼作苦？

若彼人作苦，即亦名自作。

假设因为天人的痛苦由人类众生造作故是他作，那么就成了人类自己造作，那也是不存在的，这一点已经解说完。由于自作不成立，所以痛苦不是人自作，所谓天人其他众生的痛苦又怎能由其他众生造作呢？由此也说明痛苦不是他作。

现在从其他角度来说明两方面均不存在：

苦不名自作，法不自作法，

彼无有自体，何有彼作苦？

由此也证明痛苦自作他作均不合理。痛苦不是自作。为什么？因为不是它本身造作它，因为自己造作自己相违，所以自作不存在。他作也不存在，假立为所谓作者的他者造作，它不是本身自作，自己不成立，因为它也观待其他因。自己的本性不成立，那就成了不存在的自性，又如何能造作他呢？因此这种观点不合理。

现在说明共作痛苦也不存在：

若彼此苦成，则有共作苦。

如果自作他作每一个都造作痛苦，那么痛苦就是二者共作，可痛苦也并不是自他每一个都造作的，否则就会有已讲的过失。每一人没有杀生，所谓共作就不存在。

现在说明痛苦无因生如何不存在：

此彼尚无作，何况无因作？

痛苦不是由他造作，不是由他产生，所以不是他作。此法不是自己造作的缘故不是自作。假设以所说的道理已经证实痛苦既非自作也非他作，更怎么会有无因作？如同空中鲜花的芳香一样。由于痛苦不存在，作为其所依的我又怎会存在呢？

如前说明如同以四相分析痛苦不存在一样可以类推外界的种子、苗芽、瓶子、氆氇等一切有实法：

非但说于苦，四种义不成，

一切外万物，四义亦不成。

若问：假设痛苦等无有四种情况，那么这些以什么方式成立？

答：假设痛苦等这些自性存在，那么必定以四种情况中任意一种而成立，可这些并不存在，所以，痛苦等决定不是自性存在。得到的只是颠倒的我存在，痛苦等在世俗中是缘起安立，如果探寻，就如同《观作作者品》中所说的破四边而承许依缘而生的缘起成立。如云："寻思许痛苦，自作或他作，共作无因作，汝说是缘起。"世尊也说："世俗佛说法，如观有无为，真性我无我，众生相如是。善恶业不毁，自作而自受，业果不迁移，无因亦不受。诸有幻无主，虚无如水泡，空如幻阳焰，岩窟山深谷，依缘出回声。如知诸有为，众如幻阳焰……"

月称论师亲造之《显句论》· 第十二观苦品释终

第十三　观行品

如果以刚刚所讲一品的道理来分析，则诸法无有自作、他作、共作及无因生，能生的其他情况也不存在，对于由无明眼翳失去慧眼者来说，这些法也显现为生的本体，所以，本是无有自性，而如同以幻术的马、大象等欺惑不知真相的人们一样欺惑凡愚。为此，拥有现见诸法之自性的慧眼、无余根除无明习气的大悲佛陀为了普度以四颠倒而颠倒无有依处之众生，无误开示无自性：

如佛经所说，虚诳妄取相，

诸行妄取故，是名为虚诳。

经中云："诸比丘，有为欺惑之有法是虚妄，不欺之有法是涅槃，彼名胜义谛，如是此乃欺惑之有法，此乃坏灭之有法。"依此道理说明坏灭之有法是虚妄，这是出有坏如来所说。诸行均是欺惑的有法，因此那些行是欺惑的有法。成为虚妄，欺惑的有法能诱惑众生、显现为颠倒，如旋火轮。由于不是它的自性，诸行虚妄，因为是欺惑之有法，如阳焰水。真实谛不是欺惑的有法，如涅槃。所以，由所说的理证与此教证可证成诸法无自性，《般若经》中云："诸法是空性，以无自性故。"

他宗说：假设以如是欺惑之有法说明诸行虚妄，那么诸法无有故就成了诽谤诸法的邪见。

驳：仍然有欺惑你们的欺惑有法的确是真的：

虚诳妄取者，是中何所取？

难道不是吗？我们说欺惑的法是虚妄，它欺惑什么呢？它如何变成无实法呢？假设有个实法存在，那么诽谤它就成了断灭的邪见，可是有实法少许也不曾见，它又欺惑什么？也不会成为无实法，因此你们所说的这种过失不合理。

他宗问：假设也不是说无实的见解，那么此圣教宣说了什么？

答：

佛说如是事，欲以示空义。

世尊所说并不是宣说无实法，那是什么？是宣说空性，即开显自性无生之义。经中云："何法缘生彼无生，彼非有生之自性，依缘彼法说空性，知空性者不放逸。"此教证也并非开显有实法自性无生，那是什么？是说明无自性，自性不住、不灭。

若问：这从何而知？

诸法有异故，知皆是无性。

"有异"，因为可见转变的意思。

对方说：假设诸法无自性，那么这些转变就不可得，实际转变也是可得的，所以要讲明"当知自性无住"是经义。

为此无实法也是如是：

无性法亦无，一切法空故。

凡是有实法均无本性，都不存在，诸法承许是空性。

他宗说：如同不存在的石女儿自然不会有他的深蓝色，有法不存在，依靠它的法也就不该存在，因此一切法自性存在。

此外：

若诸法无性，云何而得异？

他宗又说：假设诸法的自性不存在，那么有转变之法相的异体法又是谁的变异？

对此作答：

若诸法有性，云何而得异？

任何有实法不错乱，那就称为它的自性，无有他法作障的缘故，无误的火的热性，在世间中说是自性。如果热性在水上可得，那就是由他缘产生，便是虚假造作的，所以不是自性。自性必须是无错乱、非转变，无错乱便无有转异，火不会变成冷的。同样，如果承认诸法有自性，那就无有变异，可是它们变异也是可得的，为此诸法并无自性。

再者，由显现中变成有自性的这种变异在诸法中不可能有，下面说明如何不可能有：

是法则无异，异法亦无异，

如壮不作老，老亦不作老。

某法在前面的阶段存在，它不该有变异。如此处于青年阶段的少年就不会有变异。如果认为到其他阶段就是变异了，那也不合理。所谓变异就是老的异名，假设少年变成不愿意的他体老年，那也不合理，因为老年也再无必要与衰老相联。老年与老相联有何用呢？因为老不存在，老年也不存在，所以说老年衰老不合理。如果说少年会变异，那不合理，因为没到老的阶段才称为少年，两个阶段也是互绝相违。

再者：

若是法即异，乳应即是酪。

如果认为：舍弃了牛奶的阶段变成酸奶的阶段，就是牛奶变成酸奶。

驳：由于互绝相违而不承认“是牛奶变成酸奶”。

离乳何有法，而能作于酪？

水会变成酸奶吗？所以说“他法变成了酸奶”。这是不相关的。无有变异的缘故显现中诸法有自性岂能成立？因此诸法有自性的观点不合理。如《大乘圣宝源经》中云：“何法无生起，不老无死殁，人中狮子说，成百众置彼。本性皆无有，亦非他不得，非内外不得，是怙主安立。善逝说寂行，众生皆不得，彼等解脱行，解脱令众解。示诸法无我，众生解脱执，自解令解脱，亦无渡彼岸。大仙趋有岸，去岸亦不得，无彼岸此岸，言说去彼岸，亦无言说者，亦无所说句，不得说于谁？亦无了知者。由贪邪分别，众生漂泊此，谁觉寂灭法，彼见自生佛。尽知胜寂法，得喜满众愿，胜惑成佛陀，自成佛无住。故知佛菩提，成佛令众知……”

诸法无本性也不存在，因为承许诸法为空性。所以说“成为空性之所依有实法自性存在”是不合理的：

若有不空法，则应有空法，

实无不空法，何得有空法？

假设有个所谓“空性”存在，那么它的所依有实法的自性就存在，可事实并非如此，于此承许空性与无我是诸法的总法相。由于不空的法不存在，因此也就无有非空性。何时无有不是空性的有实法，非空性也就不存在，那时不观待对治，如同空中花鬘般，空性也决定不存在。只要空性不存在，它的所依——有实法也就不存在。

他宗说：佛陀出有坏，对于随行外道之说无明大黑暗的众生，作为众生之唯一明灯，宣说无我的火焰不断燃起，世尊为所化众生宣说空性、无相、无愿三解脱门，与一切外道不共同，唯有在善逝佛经中才可得到，你们现在是准备舍弃讲如来经典所讲的因方便空性，由此会断绝善趣与清净解脱道，所以有必要与你们进行辩论。

答：呜呼，悲哉，如同划割天空一般极其颠倒，舍弃通向涅槃城的寂灭正道，被贪著实有之蛇所缠缚，只会离开解脱城而步入轮回旷野，你们才是诸位圣者所呵责之处，同时由于耽著增上慢，反而对我们进行诋毁。（你们不成为）能无余治愈烦恼病患的大医王所化。

大圣说空法，为离诸见故，

若复见有空，诸佛所不化。

难道不是吗？空性是离开、去除一切见的贪执，仅仅去除一切见也不是实有，我们也不是说对空性耽著实有。因此，除了我们所宣说的教义外又怎会有解脱所有分别念的法？比如对某人说：不会有任何财富给予你时，对方说：奇哉，给我“一无所有”的财富。对于耽著无有的财富，用什么方法能有效呢？同样，对于贪执空性的那些人耽著空性实有，用什么能破除呢？由于他们对大明医佛陀也有过失想，故是能治病救人的大医王般的如来所不化育。如《大宝积经》中云：“不是以空性令诸法空性，诸法本来即空性，不是以无相令诸法无相，诸法本来即无相，不是以无愿令诸法无愿，诸法本来即无愿，如是妙观察。迦叶，彼者即中观道真实妙观察诸法。迦叶，何者缘于空性而观察空性，彼等失毁极失毁我此经教。迦叶，宁可我见如须弥山，增上慢者空性见并非如是。何以故？迦叶，能出离一切见即是空性，则唯空性见者不可救药，此乃我说。迦叶，譬如，有一病人，医生予药于彼，依彼药能除其一切病，若彼人不服药，迦叶，汝作何想？彼人能脱离彼病否？迦叶白佛：‘世尊，否也。若彼药能除一切病，而未服药，则彼人病患将愈加严重。’佛告言：‘迦叶，如是能出离一切见者唯是空性，迦叶，唯空性见者不可救药，此乃我说。’”

月称论师亲造之《显句论》·第十三观行品释终

第十四　观和合品

他宗说：有实法的自性是存在的，因为由它们的接触可表明。此处无有的法就不存在它的接触，如石女的儿子与石女的女儿接触一样。依于眼、色产生眼识，三者和合产生触，由触同时产生是受，有广说。同样，受、想这二法是接触的，而并非不接触。也说明了诸行接触。如此说明了接触，由此可见有实法的自性是存在的。

驳：假设接触存在，那的确如此，可接触并不存在。

见可见见者，是三各异方，

如是三法异，终无有合时。

可见是指色，见是指眼，见者指眼识，这三者中并不存在两两接触的情况，眼与色，或眼与识，或识与色都没有接触。如是每两者均无有接触，这三者同时接触也是不存在的。

如可见、见、见者两两或一切均无接触一样，贪等也是如此：

染与于可染，染者亦复然。

贪心与贪、或贪心与所贪并不存在接触，三者同时也无有接触。其余烦恼也是同样：

余入余烦恼，皆亦复如是。

相互接触并不存在，三相就是三种，三相的有实法是三种，必定是三种，其余烦恼是指嗔、痴等。它们是指嗔心、嗔者、所嗔三种。听、听者、所听等三种。

如果仍然问：为何这些无有接触呢？

异法当有合，见等无有异，

异相不成故，见等云何合？

假设所见等互为他性而存在，那么如同水与乳般相互可有接触，但因为所见等并不存在他体，所以它们不会接触。

此外：

非但可见等，异相不可得，

所有一切法，皆亦无异相。

可以确定，不仅仅是所见等一切因果法不存在他性，而且瓶子、氆氇等一切法均不存在他体。

下面说明所见等这些相互如何无有他体：

异因异有异，异离异无异，

若法所因出，是法不异因。

说“瓶子的有实法与氆氇是他体”那个他法是依靠他法而成为他法的，无有他法就不会有他法，他法就不成为他法。应当确定，“瓶子”的有实法依靠“氆氇”的有实法而成为他法，这里的“瓶子”的有实法就不是氆氇以外的他法。为什么呢？因为依于某法而成立的法不是它以外的他法，有观待的缘故，如同种子与苗芽、长与短。下文要讲道“依于何法生，彼者非自性，亦非他性故，不断亦不常”。

他宗问：假设氆氇与瓶子是他体，观待他体的氆氇成为他法瓶子，那么有什么过失呢？

答：

若离从异异，应无异有异，

离从异无异，是故无有异。

这里，是以“异”一词来说明，异是认定为“他法”。此外，也是共称的，所以用了三个“异”。假设“瓶子”的有实法是氆氇以外的他法，那么就成了所谓的“瓶子”有实法在没有他法氆氇的情况下也成了他法，即成了不观待氆氇的一个瓶子成了他体。如此与某法他体的法，某法不存在它也成立，例如，瓶子本身自本体成立而不观待它以外的氆氇。同样，假设瓶子的他性是氆氇以外的他法，那么不观待氆氇的瓶子就是他性。而不观待氆氇的一个瓶子是他性也是见所未见的。

如果说“依靠他法而成他法”，那就明显承许观待某法而是他法，不是它以外的他法。

他宗说：假设某法以外的一个他性不存在，那么他法是依于他法而是他法的缘故，不是不可能说“不成他法”吗？

答：一切有实法的他性成立不是相互观待的缘故，世间名言中存在，称为他法，但如果真正来观察他性，并不存在。

如果说：假设他性不存在，可世间世俗中说瓶子是氆氇以外的他法，那么为何不说种子与苗芽二者也是他性呢？

答：世间人不会认为种子与苗芽是像瓶子与氆氇一样的他性，否则苗芽和种子也像瓶子与氆氇一样不存在所生能生的关系，而且应成了同时存在的过失。此外，世间人说“此树是我栽”播下种子以后能长出种子之果——树，所以安立“因果的他性在世间也不存在”。

对此，他宗说：假设“观待其他有实法的他法之心产生”，在此就有“不成他法”的过失，但我们并没有这么说，那是什么？于此，“他性”就是存在一个既是总的法也是别的法，集于它中的有实法虽然不观待其他有实法，也可称为他法，所以我们的宗派不会有所说过失乘入的机会。

答：假设有他性，那就成了那样，可他性并不存在。如果认为有他性，那么认为它是他法中存在还是非他法中存在？这两种情况都不合理，下面说明：

异中无异相，不异中亦无。

假设认为“他法中有他性”，那么观察他性有何用呢？如果观察他性是为了证明说他法，那么说他法也成立无有他性，因为“他”是对可得的其他有实法认为是他性。如此一来，他法不可能有他性（异中无异相）。

现在说明不异法中也无有他性，因为不异就是指一性，与他性相违的一性存在他性显然相违，所以非他法中也不存在他性。既然他法与非他法中都不存在异相，而除了它们以外的有实法也不存在，因此，除它们以外的法中也无有他性，由此可知他性并不存在。既然他性不存在，那么与他性和合的其他果法心与因法也不存在就得以成立。

他宗说：即使他性不存在，但他法是存在的，无有他性也就不应有他法，所以他性也存在。

驳：

无有异相故，则无此彼异。

前面已说明了他性不存在。他性不存在又怎么会有自他呢？所谓的自就是不异的意思。所以，彼此都不存在。

他宗说：眼等是存在的，因为接触存在。虽然已经说明眼等不存在他性，但是接触是三者聚合，为此接触也存在，因为接触存在，所以眼等就存在。

驳：假设它们有接触，那就成了如此，可是接触并不存在。下面说明接触如何不存在：

是法不自合，异法亦不合。

假设是与眼接触，那么来观察它们是一体还是他体，如果是一体，就不存在接触，不会说不观待水的唯一牛奶与水接触。如果是他体也不会有接触，谁也不会说与水他体存在的牛奶与水接触。假设眼等是一体，那么不该有接触，否则一个眼也应成有接触了。

如果是他性，也不合理，否则由色等各自分开形成的一个眼识也应成有接触。如果接触不存在，就成立眼等也不存在。

他宗说：即便接触不存在，可是正接触时、接触法与接触者是存在的，因为并没有遮破它们。接触时、接触法、接触者也并非没有接触，为此接触也是存在的。

驳：

合者及合时，合法亦皆无。

这也不合理，因为，已讲明了无有接触，既然接触不存在，那接触时等岂能存在？接触时是由现在接触的行为能立中所成的。接触是具有圆满接触行为的接触者是自行圆满接触行为的作者。这里无有接触，并没有照见接触时等，为了总结破它，宣说“合者与合时，合法亦皆无”。为此，世尊也说：“若具眼则见一切，以眼则见诸色者，夜晚无缘则不见，是故具离是分别。眼依光明则可见，悦不悦意种种色，依于具缘则得见，是故以眼永不见，无有自性知此法，彼等勇识趣涅槃。享欲妙德无贪著，断除贪著化众生。无少众生亦无命，一切人君利有情。有情非有亦行利，彼等之义大困难……彼者永无贪，信解此法性，彼等不贪有……修道诸法空，生起无我智，修行此等法，彼辩才无碍……”

月称论师亲造之《显句论》· 第十四观和合品释终

第十五　观有无品

他宗说：一切法的自性是存在的，因为它们能生的近取因与缘存在。

驳：因与缘也不存在，因为能生的近取因缘不存在，如同空中鲜花。

他宗说：能产生苗芽的因缘——种子等与能产生行等的因缘——无明等都是近取因缘，所以有实法的自性存在。

驳：假设行与苗芽等有自性，那么一切已有的法依靠因缘还有什么必要呢？如同行与苗芽等现今已成立的一切法，也不应该为了产生而以无明与种子等作为近取因缘一样，其余法也都不是为了产生而取受，因为它的自性存在：

众缘中有性，是事则不然。

已有的法再产生无有意义，在产生之前，任何法也不是自性存在的，那是什么？如果认为，在产生之前不存在的自性依靠因缘来产生。这种承许也不合理：

性从众缘生，即名为作法。

由于从因缘中产生，就是承许自性是所作性。如果认为：承认自性是所作性的缘故，辩论所作的太过对我们没有妨害。

这也不合理：

性若是作者，云何有此义？

因为既是所作也是自性的这种说法互绝相违故就是无有相属之义。这里自本体称为自性，分别解说，有实法是所作，在世间中不说是自性，就像水的热性、猫眼水晶等依靠制宝人努力制造成红宝石等事物一样。而自性的法，就是非所作，如同火的热性或红莲宝石等同类红宝石等的本体。因为它不是遇到其他有实法而产生，所以称为它们的自性。为此，自性不是所作，这是世间名言的真相。现在我们来说明，热性也是所作的缘故可认定它不是火的自性。宝珠与火绒遇到太阳、燧木与燧垫中产生的火是观待因缘。火以外的热性也是不存在的，所以热性是以因缘产生，为此是所作。由于是所作，故如水的热性一样不是自性，这一点可明显决定。

假设对方说：火的自性是热性，难道不是包括放牛的牧童与愚女在内都共称的吗？

驳：我们说不共称了吗？我们是说“这不应该是自性，因为不具备自性的法相”。世间人由于跟随颠倒无明而将无自性的诸法妄加分别为有自性。犹如有眼翳者对本无自性的毛发等，以眼翳之缘贪执为自性，同样，凡夫以无明的眼翳失去慧眼，对本无自性的法贪执为有自性，与可得的众多其他法不共同，就像耽执火的自性自法相是热性一样说为法相，因为本身的法相就称为自法相。从那些共称的角度，世尊也在经藏、论藏中将自本体安立为世俗，无常等通称为总法相。观待远离了无明眼翳具有无垢慧眼者所见，就像离开眼翳者不见有眼翳者的毛发一样，圣者不见凡夫心妄加分别的自性，他们明显宣说了这不是诸法的自性。如《圣楞伽经》中云："如有眼翳者，颠倒执毛发，如是分别法，凡愚邪分别。无自性无识，无普基无实，凡愚恶寻思，如尸妄计此。"佛陀还广说了"大慧，自性无生，我说诸法无生"。

他宗说：假设火等的热性等是由因缘所生，是所作性，因此不是自性，那么现在需要讲讲它们自性的法相是什么？自性又是什么？

答：

性名为无作，不待异法成。

这是自己的性质，就称为自性，某法据为己有的本体，那就是它的自性。什么是某法据为己有的呢？就是不以任何法改造，改造的某法那不是它据为己有的，如水的热性。某法不依不赖于任何法就是它据为己有的，如自己的仆人与自己的财物。依赖于某个其他法，它就不是它的我所，如暂时的借用品，自己没有主权。如是观待造作与自己不承许为自性，所以说"热性是火的自性"不合理，因为依赖因缘，先前没有产生后来产生，故是所作。正因为这样，三时中，火无误初始的本体无改造，不是先前未生后来产生，并不是像水的热性或此岸彼岸或长短一样观待因缘，那就称为自性。

若问：火的自本体存在吗？

它既不是以自本体存在，也不是不存在，虽然是如此，但为了断除听者的怖畏，而增益说它在世俗中存在。如世尊言："于无文字法，是为闻与说，无字唯增益，彼亦是闻说。"本论中也会讲道："既不说空性，亦不说不空，非应二非二，当说假立义。"

假设问：由增益说它有，那是怎样的呢？

答：它的自本性就是所谓诸法的法性，就是真如。

如果接着问：万法的法性又是什么？

答：就是诸法的本体。

若问：此本体又是什么？

答：是自性。

若问：此自性又是什么？

答：是空性。

若问：此空性又是什么？

答：就是无自性。

若问：此无自性又是什么？

答：是真如。

若问：此真如又是什么？

答：真如的本体无有变异，恒常安住，一切时处无生，即是无造作，不观待他法的缘故，就称为火等的自性。由无明眼翳之力导致不见诸法的本相，真如就成了离开了无明眼翳的圣者们的行境，本体安立为它们的自性。要知道，“性名是无作，不待他法成”这是龙树菩萨安立的自性法相。也要了解：诸法的自性无生，它也不是一切，仅是无实而无本体的缘故，诸法的自性不存在。如世尊言："知诸实无实，永不贪诸法，永不贪诸法，彼得无相定。"

他宗说：虽然诸法无自性，但有他性，因为没有遮破他性，如果有他性，那么也就有自性，因为无有自性不会成立他性。

驳：

法若无自性，云何有他性？

他性因自性，而名为他性。

世间中，只要是自性就绝对是观待其他自性而称为他性。假设热性是火的自性，那么观待具有湿性的水而称为他性，如果加以分析，那么任何法自性不存在，又怎会有他性呢？由于无有他性，也就成立无有自性。

他宗说：即便自性与他性不存在，但有实法是存在的，因为没有遮破它。如果有实法存在，那么就必然是自性或他性，所以自性与他性也存在。

驳：

离自性他性，何得更有法？

若有自他性，诸法则得成。

如果对有实法进行观察，那要么是自性要么是他性，而自性和他性这两者以前面所说的道理证明并不存在，由这两者不存在就能决定诸法也不存在。

他宗说：即便你们破了有实法，可是无实法是存在的，因为没有破它。

由于对立法存在，有实法也就存在，如无实法一样。

驳：假设无实法存在，那么有实法也就存在。可是无实法并不存在：

有若不成者，无云何可成？

因有有法故，有坏名为无。

假设有个所谓的有实法存在，那么它变异而成为无实法，瓶子等从现阶段毁坏，得以变异，在世间中就称为无实法。可是瓶子等这些有实法的本性并不成立，又怎能有变异为无有之自性的法呢？所以，无实法也不存在。因此，一切情况下，自性与他性、有实法与无实法均不存在。

以无明眼翳失去慧眼而颠倒执著的人不会见到真实义：

若人见有无，见自性他性，

如是则不见，佛法真实义。

自以为是无误传讲如来经典的人，讲说“地的自性是坚硬、受的自性是领略对境、识的自性是认知各自对境”诸法之自性的人，及讲说“色是他性、识也是他性、受也是他性”诸法之他性的人，还有讲说“现阶段识等有实法或过去的识等”无实法的人，他们都不是讲殊胜甚深缘起的真如。自性与他性等存在的一切，与所说的正理相违，如来也不是说诸法的自性与正理相违吗？因为通达了无余诸法的无误真如本性。所以，诸智者均说只有世尊的语言才是正量，因为有合理性而无有欺惑。为此，由诚信无余永断过失而来，或者能解一切，能完全理解真如的缘故，或者对向真实而去，依靠他能走向涅槃，为此，圆满佛陀的语言安立是教量，除佛以外的一切言说远离合理性的缘故安立为非正量非圣教。自性与他性、有实与无实这些见解不具备正理，因此不是真如。

对于欲求解脱的所化众生：

佛能灭有无，于化迦旃延，

经中之所说，离有亦离无。

世尊在《化迦旃延经》中说：“迦旃延，此世间人多数耽著有无，是故不能从生老病死忧悲苦恼烦乱中解脱，不能从五道轮回中解脱，不能从死亡逼苦中解脱。”其中作了广说。这部经也是一切部都念诵的。所以，依于此教证与所说的理证，有智慧的人不应该承许自性他性、有实无实与如来教极其相违的见解，因为世尊已经予以遮破。

若问：出有坏佛陀以何超胜？

答：就是了知有实法无实法，具有了知有实无实的特性，因此了知有实无实法，无误彻知有实无实法的自性如何安住，才说“佛知有无实”世尊了知有实无实法，也能遮破有、无二者，因此承许说“见有实无实是真如”不合理。佛陀又言：“迦叶，有者是一边，无者第二边，二者之中间彼无所剖析，无所显示，非为所依，无现，无知，无住。迦叶，此乃中观道妙观察诸法。”又云：“有无是二边，净不净是边，故断二边已，智不住中间。有无是争论，净不净是争，争苦不寂灭，无争则灭苦。”

他宗说：假设火等自性绝对存在，会有什么过失呢？

这一点，“因与缘所生，自性成作者……”已讲明了过失。

此外，假设火等这些法自性存在，那么已经有的法也就不会变异，下面说明：

若法实有性，后则不应无。

假设火等这些法的自性也就是自己的本体，那么当时以自性存在的自性不会再度变异，为什么呢？

性若有异相，是事终不然。

假设这是火等这些法的自性，那么由于当时自性是不变的故永远不该变异，如同无障碍的虚空永远不变异一样，自性存在的火等也不会变异。可是，它们变异相续中断之法相的坏灭，你们也是可得的。由此可知，由于如水的热性一样是变化的有法，这并不是这些法的自性。

他宗说：假设说自性存在不会有变异，而变异性也是可以见到的缘故，这些有实法无有自性。但是：

若法实无性，云何而可异？

就像空中鲜花一样不是以自性——自本体存在，那么变异是谁的变异呢？以自性不存在而不可得变异，变异又明明可见，因此自性存在。

驳：假设按照你们的观点来讲，不是以自性即自本体存在就无有变异，变异也是可见的缘故自性存在，可是：

若法实有性，云何而可异？

就像现在产生一样，自性即自本体存在的缘故，变异是谁的变异？由于自性存在没有变异，因此一切情况下都不可能变异。所以，应当了知“诸法无自性”。

解说“变异可见的缘故自性不存在”，这也是从他宗共称变异可见的角度来说的，而我们永远也不承认有变异：

定有则著常，定无则著断。

是故有智者，不应著有无。

为此，自性根本不存在，一切法不是有的自性，它们也不存在变异。谁妄加分别诸法有与无，这样分别必定成了将“有”执为常，将“无”视为断。这种常断见也是善趣与清净解脱道的障碍，所以，是很大的非义。因此说“是故有智者，不应著有无”。

若问：为何有有实、无实见就成了常见与断见呢？

答：

若法有定性，非无则是常，

先有而今无，是则为断灭。

说自性存在，那就是自性无有退转，所以永远不是无，这样一来，由于承许以自性存在就成了常见。先前存在的阶段，承许为有实法的自性而现在毁灭就承许无有，结果就成了断见。谁的见解，认为有实法自性不合理，就不会有常断见的过失，因为有实法自性不可得。

假设说：虽然承许一切法自性不存在不会有有实见而无有常见，可难道不是一定成了断见吗？

答：不会成为断见，如果承许先前是有实法的自性，后来它消失就承许无有，抹杀了有实法自性先前可得这一点，由此会成为无见。而就像无有眼翳者不见有眼翳者可见的毛发飘浮一样一无所得而说无有，那如何成断见呢？因为无有所破。如同无有眼翳者是为了遣除颠倒者颠倒贪执一样，虽然我们说“诸法不存在”，但我们不会成为断见，如经中云：“世尊，谁承许先前贪嗔痴为有实，后来贪嗔痴非有实，亦成断灭。”其中作了广说。

谁承许依他起心与心所是有实，遍计本性不存在，依此能断除有见，而依靠作为染污法与清净法之因的依他起法存在能断除无见，按照他宗的观点，遍计法不存在的缘故，依他起存在的缘故既成了有见也成了无见，又岂能断除二边？因缘所生即已说明有自性不合理，不该再解说。

所以应当了知，只有中观见，不会有有见与无见的过失。唯识宗的见解等并非如此。《宝鬘论》中说：“于称人与蕴，世间数论派，鸱枭裸体派，问说离有无。是故诸佛说，无死甘露教，甚深离有无，当知乃特法。”

由于成为见胜义的方便，因此针对如此妄加分别的所化众生，就如同世尊以大悲依他起对正量部行人讲说的一样，宣说唯识宗是不了义，并非了义。《圣三摩地王经》中云：“如佛说空性，知了义经别，说有情人士，知彼不了义。”详细道理应当从《无尽慧请问经》等中来通达。所以，欲求解脱的正士，要了悟只要存在有实无实二见就是轮回，从而应当遣除这两种见解，如实修行中观道。世尊言："一切皆非生，慧破有无实，凡愚随心转，累世受痛苦。"又云："过去无量劫，我忆成人君，大仙作舟子，名为无实生。生即住虚空，说法皆无实，随彼而取名。世间所共称。诸天传音声，成为无实佛，生即迈七步，佛说法无实。能仁宣诸法，成佛法王时，草木药山岩，亦出无实声。彼世所有声，皆言无有实。引导诸世间，妙音尽传出。""法自性非理，诸法无实声……"因此应当通达经义。"彼世所有声，皆言无有实"，是承许为无遮，所以无实之义就是无自性的意思。

月称论师亲造之《显句论》·第十五观有无品释终

第十六 观缚解品

有些人说：诸法的自性是存在的，因为轮回存在。于此流转的缘故为轮回，众生前往他趣，为流转。假设诸法的自性不存在，那么谁由众生趣前往、流转他趣，石女儿之行不存在，就不会见到他流转。由流转存在的缘故诸法的自性也是存在的。

驳：假设轮回存在，那么诸法的自性也就存在，可是轮回并不存在。假设有流转，则要么是诸行流转，要么是有情流转，可这两种情况都有过失：

诸行往来者，常不应往来，

无常亦不应，众生亦复然。

假设认为诸行流转，那么是常法还是无常法流转？常法不会流转，因为远离所作，只有瓶子等无常法才可得有所作。如果是无常法，那么那些无常法是生后立即灭，它们并不存在，就像石女儿之行一样，怎能有漂泊？如此一来，无常法也不会流转。

如果认为：因果之行接连辗转次第相续不断，连续运行成为无常的法才流转。

驳：这也不合理，凡是产生的果没有流转，不会从何来也不去何处。所以，凡是成为因的法也没有流转，因为不会从何来也不去何处。只有行除外，过去、未来不成立的缘故，已灭及未生也就不存在。

假设说：后刹那产生，就是前面流转。

假设前后刹那二者成了一性，那么的确如此，可一体并不存在，因为是因与果法，如同眼、色与眼识。此外，如果是一体，也就不应该说前后刹那。不会说一时间一个天人、一个人变成前后的，同样，于此也是一个的缘故不能说前后刹那。再有，不会有所谓前刹那已灭，因为是同体故如后刹那；也不会有所谓后刹那未生，因为是同体故如前刹那。

如果说是他性流转。如此一来，由于其他异生凡夫有投生轮回，所以阿罗汉也成流转，也就成了其余酥油灯燃烧时灭的酥油灯也燃亮。此外，后刹那是在前刹那已灭、未灭还是正灭中产生？假设承许是从已灭中产生，那么从已焚毁的种子中也应生苗芽。为此就成了无因。如果说是从未灭中产生，那就成了种子无有变异也产生苗芽，并且因果也成了同时，生也成了无因。假设说是从正灭中产生，则正灭中也无有生，因为除了已灭未灭以外的正灭并不存在，而且对已灭未灭已经讲明了过失。为此，又怎么会有因果的安立与前后刹那的安立呢？前后刹那的安立与因果的安立不存在，也就无有相续，由于无有相续也就无有流转。所以，诸行无常也不存在流转。

对此，有些人说：与正理相违的缘故，诸行不流转是真的，那是什么呢？是我流转。

驳："众生亦复然"，如果说众生流转，那么来分析是说常有者还是无常者流转？诸行流转不合理的次第，也同样可用于众生上，所以众生也不流转。

他宗说：诸行流转不合理的道理不该同样用于众生上，因为仅是以常有与无常说明行没有流转。我并不是常有与无常，就像不可说我与诸蕴是自性或他性一样，也不可说我是常有与无常性，所以唯有我流转，并且不会有前面所说的过失。

驳：

若众生往来，阴界诸入中，

五种求尽无，谁有往来者？

假设有个所谓的人我，那么它就流转，可是它并不存在，因为以五相寻找蕴处界，它们并不存在。如何不存在呢？如所说“可燃非燃者，离可燃无燃，燃不具可燃，燃中无可燃，可燃中无燃，从燃可燃法，说受受者法”。我不是蕴处界的自性，也不是与它们异体，也不具有蕴界处，我中无有蕴处界，蕴处界中也无我，以前面所讲的五相道理寻找，则我不存在。如此以五相寻找蕴处界，它们都同样不存在，由于蕴界处不存在，又如何流转呢？我也没有流转，因为我就像石女儿一样是不存在的。

此外，这个我：

若从身至身，往来即无身，

若其无有身，则无有往来。

假设无有近取五蕴也可流转，那么我就会流转。为说明它如何无有近取五蕴的身体，而说“若从身至身，往来即无身”，从人的近取身体变成天人的近取身体时，是舍弃人的近取身体以后变成天人的近取身体还是不舍弃人的近取身体而变成天人的近取身体？假设说完全舍弃人的身体以后变成天人的身体，那当时舍弃了先前近取身体而没有取受后世身体的缘故，它们的中间就成了无有众生。由于存在离开众生的情况，所以说“无身”，身是指近取五蕴，也就是成了离开近取五蕴。无有身体，无有近取，就是离开了五蕴，由于离开设施的近取因，那就成了无因。没有近取五蕴，离开了能明现，就不会明现，因为无有因。那是什么？那就什么也不是，它就是不存在的意思。无有近取因，也就无有将要产生天人的近取五蕴，结果什么流转呢？流转于何处也不存在。如此一来，舍弃前世近取五蕴而流转是不合理的。

如果说是不舍弃前世的身体而流转，如此也不合理。为什么呢？因为，如果没有舍弃前者，没有取受后者，结果一个我就成了两个，这一点谁也不会承许。所以，没有舍弃近取五蕴而流转也不存在。

对方说：前后世之间，中有的蕴存在，因此它们有近取五蕴，所以从近取身流转成近取身也不成为无有众生身体的过失。

驳：那也不应理，流转为中有的蕴，通过舍不舍弃前世的方式观察同样应成过失。

如果说：能顿时舍弃与取受的缘故无有过失。

驳：是一部分舍弃近取五蕴另一部分去取受中有的近取五蕴，还是整个我舍弃、取受？假设认为是部分，那么当时我应成两个，此过失已宣说完毕。如果说是整个我，那对你们来说就成了那种过失。实际上有这样的差别，由于极其接近行游于中有而在短暂的时间里无有近取五蕴。整个我作为舍弃、取受异体法的有境，也不会在一法上顿时见到的，一个天赐从家游于他家，一时间整个自己没有舍与取的两个所作。

如果认为：放弃一只脚的一个动作，取受另一只脚的缘故，是同时舍与取。

驳：如果是这样，那么如同两只脚一样我也成了两个。一部分安住前面、一部分安住后面的缘故应成多个部分。所以，同时也不存在舍与取，这不是回答。为此取受中有也应成那种过失。可见，一切情况下我都无有流转。既然诸行与我无有流转，那就证明流转不存在。

他宗说：流转是存在的，因为违品存在。于此不存在的法不会有违品，如石女儿的仇敌。如果轮回的对立法涅槃存在，那么轮回就存在，所以流转也存在。

驳：假设对立法的涅槃存在，那么轮回就存在，可是涅槃并不存在。下面说明：

诸行若灭者，是事则不然，

众生若灭者，是事亦不然。

假设有少许所谓的涅槃，那么认为它是常有的行还是无常的行？如果恒常不变，那么涅槃能有什么用呢？对于一切无有无常的法（即常法），涅槃又有何用呢？一切与前面相同。“是事则不然”，是指任何情况都不合理的意思。如果认为众生有涅槃，那也如前一样，是常有或无常均不合理。如果认为不可说常有与无常。这样一来，由于不可言说的缘故难道不是承认如轮回一样涅槃也有我了吗？此外，如果不可言说，唯一用于我及近取五蕴上才合理，那么涅槃就没有近取五蕴，所以它怎能有不可言说呢？或者，不可言说自性与他性，但涅槃是有我还是没有我？假设有我，那么当时已经解脱还有我，结果我就成了常有。如果没有我，那么当时我就成了无常，所以不会像不可说自性他性一样也不可说常有与无常。如果说：也承许涅槃不可说有我与无我。这样一来，它在当时是所知还是非所知？如果说是所知，那么就如轮回一样，涅槃也是所知的缘故，并非无有我及近取五蕴。如果不是所知，那么当时因为它不是所知自性的缘故就如同空中鲜花一样不存在，又怎能有不可言说呢？为此，涅槃也不存在。由于无有涅槃，也就不存在轮回。所以，世尊在《般若经》中言："具寿须菩提，涅槃如幻如梦。具寿须菩提，佛陀之诸法亦如梦如幻……善男子，设若有胜过涅槃之一他法，彼亦如幻如梦。"《圣三摩地王经》中也说："胜义谛如梦，如梦入涅槃，知此如是入，彼说意戒胜。"又云："灭谛犹如梦，涅槃亦如梦，菩萨所入者，彼名语之戒。"

他宗说：虽然你们破了轮回与涅槃二者，但束缚与解脱是存在的。不存在之法的自性没有束缚与解脱，由于束缚与解脱存在故诸法的自性存在。

驳：假设束缚与解脱二者存在，那么诸法的自性就存在。可是束缚与解脱并不存在：

诸行生灭相，不缚亦不解，

众生如先说，不缚亦不解。

由贪等烦恼束缚而不由自主，称为缚。如果由于受束缚才安立异生凡夫不超离三界，那么贪等假立为束缚的那个束缚，不可能在生灭有法刹那的诸行中存在，因为产生后即刻坏灭的法中不会有束缚。具有断了贪等束缚法相的解脱也不可能有，因为诸行无常不会有束缚。“如先说”是指以前面所说的道理之义。如前所说诸行中没有束缚与解脱一样众生不会有束缚也不会有解脱。这样一来，束缚与解脱也就不存在。

他宗说：诸行与众生没有束缚，可是贪等近取能束缚是存在的，由于它存在，束缚也就存在。

驳：假设有个法束缚，那近取五蕴也就被束缚，可它也不是被束缚，下面说明如何不束缚：

若身名为缚，有身则不缚，

无身亦不缚，于何而有缚？

有身就是指有近取五蕴，它不成为束缚，如果它已经束缚，那么再与束缚相系有何用呢？无身，就是离开了近取五蕴，它也就不束缚，因为离开了束缚，就像如来一样。无有近取五蕴，就离开了束缚，因为与束缚互绝相违故无身束缚也不合理。如果这般决定观察，则不管是有近取五蕴还是离开了近取五蕴，都不束缚。那现在什么阶段成束缚呢？也就是指少许也无有束缚的其他阶段。如果这般剖析，那么束缚如何也不能束缚，少许也不可束缚，贪心等又怎能束缚近取五蕴呢？所以束缚也就不存在。

此外：

若可缚先缚，则应缚可缚，

而先实无缚，余如去来答。

能束缚铁等与所束缚是他体，能束缚先要成立，才能束缚所束缚的天赐，同样，如果在所束缚的诸行或众生之前，能束缚的贪欲等已经成立，那么先成立的它就可以束缚诸行或众生，可它也并不存在。由于无有所依故贪欲等不成立，能束缚先成立，也就没必要后来再与所束缚连在一起，与能束缚成立他体的所束缚也无需束缚，因此在所束缚之前束缚不成立。为此，束缚也不缚，少许也不束缚就不该有束缚，因此束缚并不存在。因为无有束缚，所以“所缚也无有”是成立的。于此，应当了知其余破斥按照已去未去去时所说，可类推，“已缚不束缚，未缚亦不缚，离已缚未缚，无有正缚时”等。

他宗说：虽然你们破了束缚，但具大悲心的如来为束缚于轮回囹圄中无有依怙的众生宣说了戒定慧之本性的三法蕴，是为了什么？解脱是存在的，没有束缚也就没有解脱，为此束缚也存在。

驳：假设解脱存在，那么束缚就存在，可是解脱并不存在，如果认为这个是解脱，那么是认为已束缚者解脱还是未束缚者解脱？不管如何说，这两种情况都不合理，下面说明：

缚者无有解，不缚亦无解，

缚时有解者，缚解则一时。

已经束缚者无有解脱，因为已经束缚。如果说：已经束缚者，后来依靠方便得以解脱，因此束缚者可解脱。

驳：那么，就不应该说束缚者解脱。那说什么？应该说解脱者解脱。假设说，由于与现在接近而得名，假设在某个时候有解脱，那么当时均有与之接近的情况。如果承许在任何阶段都有解脱，那么束缚者不可能解脱，所以承许说无有解脱，当时又怎能与现在靠近呢？如此一来才说“缚者无解脱”。

现在说明不缚者也无解脱。如果他是解脱者，那么他还解脱有何用呢？如果已经解脱还要解脱，那么已经解脱的阿罗汉也成了有束缚，所以阿罗汉也成了束缚者。为此未束缚者也不解脱。

如果认为：未束缚者不可能解脱的缘故，束缚者将解脱。

驳：如果是这样，那就是认为束缚者正在解脱，因为是束缚又是正在解脱，故束缚与解脱就成了同时。同一时间束缚与解脱并存也是不合理的，因为它们互绝相违，如同光明与黑暗，为此，束缚者与未束缚者都没有解脱。所以解脱也不存在，因为无有解脱也就成立无有束缚。

假设他宗指责说：你们破了轮回与涅槃，也破了束缚与解脱，结果轮回的大荒野无明的重重黑暗种种恶见极其坚硬的藤树阻挡了妙道，随眠的毒树成熟生等苦果，带来无量种种广大极大不幸之事，缠缚萨迦耶见的二十座大山顶高高耸立，极其坚固，围绕诸方，爱河的大壕，希求对境之乐的河岸宽阔又极易滑倒，由不断流淌的河水环绕着，对能赐予想要从中渡过、欲求解脱者最胜安慰，就是对善法以大欲乐心，想到有朝一日我将无取而涅槃，但按照你们所说，想有朝一日我得涅槃就绝对无有意义了，这样一来对善法生起欲乐心，依止善知识，布施、持戒、闻思修行等为获得涅槃所做的一切次第，也将成为无义。

驳：一切法无自性，如影像、如阳焰水、如旋火轮、如梦、如幻、如光影。当离开了我与我所时，随着颠倒而执著我与我所遍行执著，萨迦耶见就会动摇：

若不受诸法，我当得涅槃，

若人如是者，还为受所缚。

我无取就是离开了取受而涅槃，这样趋入涅槃，就成了我所，如此求解脱者，就成了执著，他们取受我执与我所执的坏聚见，那是大执著，耽著那样大执著者不会有寂灭，因为只有无余断除执著才得解脱。只要有我与我所执，只要耽著有所谓的涅槃，只要耽著舍弃近取等，那期间就不是方便，为求涅槃所做的一切也必定成了无义。所以，欲求解脱者应当完全放下这一切。

为什么呢？一切情况下胜义是：

不离于生死，而别有涅槃，

实相义如是，云何有分别？

胜义谛不缘任何法，因此生起涅槃即增益涅槃并不存在，遣除轮回——完全灭尽轮回也不存在，为了所灭尽假立轮回是什么？为了所得假立涅槃又是什么？或者说，轮回涅槃二者均不可得的缘故，某众生为涅槃而精勤遣除轮回、生起涅槃也不能起到作用，妄加分别什么涅槃呢？丝毫也不该妄加分别。无分别，决定越过所说的轮回旷野，也会抵达涅槃之城。为此，《佛说圣降魔经》中云："尔时文殊童子以门槛梯之束缚困住波旬，使之跌倒在地。波旬边哭边喊'我被紧紧束缚了，我被紧紧束缚了'。文殊言：'波旬，你恒常被束缚而并非才被束缚，是此束缚之外有紧紧束缚吗？它是什么？波旬，颠倒我慢之束缚与见之束缚是束缚，而并非此束缚以外有紧紧束缚。你是恒常被束缚而并非才被束缚。波旬，设若你解脱，欢喜否？’波旬答言：‘欢喜。’尔后离争天子对文殊童子言：‘文殊，放了魔王波旬吧，让他回到自己的地方。’文殊童子对魔王波旬说：‘波旬，放什么？谁束缚了你？’波旬答言：‘文殊，不知是谁束缚了我。’文殊言：‘波旬，你本未束缚而作束缚想，如是诸异生凡夫于无常作常有想，于苦作乐想，于无我作我想，于不净作清净想，于无色作色想，于无受、无想、无行、无识作受、想、行、识想。复次，波旬，你若解脱，则从何处解脱？’波旬答言：‘我从何处也不解脱。’文殊言：‘波旬，如是彼等将解脱也是非真实之想，除遍知如是之理外无从解脱，遍知此理名谓解脱。’”此圣教中说，唯有斩断非真实之颠倒妄念束缚的藤，即名解脱涅槃，如同梦中所见的烈火依水熄灭一样。

月称论师亲造之《显句论》·第十六观缚解品释终

第十七　观业品

他宗说：轮回是存在的，因为业和果是相属的关系。由于以相续不断的次第使生死接连辗转，因果法运转，导致诸行或我流转。那时业和果才相联。如果所说的流转不存在，那么心产生即刻就灭的缘故，引业之时便无有异熟，为此业和果的相属就绝对成了无有。如果轮回存在，那么在此世造的业于他世也会与异熟果相系，因此诸业与果相属并不相违。正因为业和果是相属的关系，所以轮回是存在的。

若问：那些业是什么，它的果又是什么？

他们承许说：

人能降伏心，利益于众生，

是名为慈善[1]，二世果报种。

自己处于我慢中或产生我慢，故为“我”，依于蕴假立的人称为我，真实调伏自我，能制止因贪心等驱使不由自主趋入对境，故为“人能降伏心”。由所积累的善不善业必定感召异熟果，所以是心，所谓心、意、识是不同的异名。人能降伏心，就是制止行杀生等，以那种善心能从走向恶趣中拽出来，因此叫法。法的这一词，佛经中安立有三种意义，即以持受自法相之义、能从走向恶趣中拽出之义、能从五道轮回中拽出之义。一切有漏与无漏法是以持受自法相之义而称为法；十善等法，是以从走向恶趣中拽出之

1　“是名为慈善”，在藏文版本中是“慈心是为法”。

义，称为法，如云“于此世他世，行法则安眠”。所谓“皈依法”，是以从走向五道轮回中拽出之义而对涅槃称谓法。在此，是以从走向恶趣中拽出之义而承许为法的名词。

若问：唯有人能降伏的心这一个才是法吗?

答：并不是。

那是什么？利益他众及慈心，也是法。利他和慈心，在此没有明显说明自身的词。能摄受他众，因此是利他的心，行持四摄，救畏等之心也是法。由亲密友善中生，与众生不相违的心就是慈心。或者，慈是善知识，利益自己的心是慈心，所说的这三种称为法。可类推与之相反则是非法。详细分析说明的心，它是果的种子，对因形成果是不共同的法就称为种子，如稻种是稻芽的因，土地等是共同法，它们不是种子，它们只是缘而已。对于明显形成悦意异熟果，三种心是种子，士夫的造作等仅是缘。

如果问：什么时间种子形成果呢?

此他二世会成熟果报，所谓“此”是指可见的现世，所谓“他”是指未见的他世。这也要从教证中广泛了解。

安立心之本性一法后：

大圣说二业，思与从思生，

是业别相中，种种分别说。

由于通达胜义，因此为圣，既是圣也是大，故为大圣。由于完全通达了胜义，故又比声闻缘觉超胜，由此为大圣，也就是指佛陀出有坏。大圣佛陀在经中宣说了思业与思所生业两种。

佛所说思者，所谓意业是，

所从思生者，即是身口业。

心中存在的就是意业，从心的途径趋至究竟，并且不观待身语运行，为此唯有与意识相应的思才称为意业。第二种业叫思所生业，指身语业。心里思维“要如此这般”身语便随之造作，即称思所生业，它也有身业和语业两种，由经它们而趋至究竟的缘故，是身业及语业。如此有身语意三种业，这三种业还可再分成七种。世尊宣说了业的许多差别。到底是怎样的呢？

身业及口业，作与无作业，

如是四事中，亦善亦不善。

语业明显是说文字。作是指身体之动摇，“语业”具有善与不善语无表之断除与不断除的法相，总的都是等起所执受。同样，善与不善的作业（即身业）具有无表色之断除与不断除的法相，也都是以等起执受。如有表色的两种分类一样，无表业也有两种，因为有具不断除法相的无表业与具断除法相的无表业。具不断除法相的无表业是如此：当人许诺“我从现在起以杀生、偷盗来维生”罪业时开始，即使没有造那种恶业也会恒常不断生起不善业之因的无表色。从作网捕之事时起，渔夫等即使没有做捕鱼之事，也生起不善无表业。这些称为具有不断除法相的无表业。如同这些一样，具有断除法相的无表业，也就是其余善自性业。以承诺“从今起戒杀”身语之有表业完全圆满时开始，即使后来在迷醉的阶段，也生起积善自性的无表业，这些就称为具有断除法相的无表业。虽是色法与造作的自性，但并非像有表色一样他众能了知，故称为无表色。

从用生福德，罪业亦如是，

及思为七法，能了诸业相。

“从用生福德”，是指善业的意思。因为是从受用中产生，故称为“从用生”。受用，是指完全施舍的事物为僧众等所享用。生是随之产生，意思就是布施者的相续中所生的善法增长。非福德业的道理也是这样，“从用生”的罪业，如杀生建寺等，在寺庙中杀生来使用寺院，建寺者的相续中会生起受用所生的非福德业。因此说“罪业亦如是”。

具有意业之法相的现行心，称为思业，总之共有这七种业。善不善的语业与身业两种，善无表业与不善无表业两种，受用生福德业与受用生非福德业两种，加上思业，这七法显然是业，明显是业，并具足业的法相。

对此，有些人进行辩论：所说的多种业是到果报成熟之间一直存在还是产生后立即毁灭而到受报时就不存在？

业住至受报，是业即为常，

若灭即无常，云何生果报？

假设认为这个业从产生到成熟果报之间，自本体一直安住。如此一来，在此期间就成了常有，因为没有毁灭。

如果说：后来将毁灭的缘故不是常有。

驳：并非如此，前面离开了毁坏就如同虚空等一样，后来也与毁灭无关，不毁灭也就应成了无为法，不见无为法有成熟果报的现象，无有成熟果报就成了常存，所以绝对就成了承许诸业常有，这样一来就成了常有的过失。

如果说：承许产生后立即毁灭。

驳：倘若真是这样，那么就成了："若灭即无常，云何生果报？"既然业已灭，那就是不存在了，由于是不存在的自性，因此不会生果。

对此，有些他宗回答：我们不会有诸行常有的过失，因为生后立即灭。

对于所说的"若灭即无常，云何能生果？"再给予答复：

如芽等相续，皆从种子生，

从是而生果，离种无相续。

种子虽然成立是刹那性，但绝对具有能产生相续芽、茎、苞、叶等果的差别及自己同类的能力，这样的因法虽然灭了，可是芽等相续由种子中产生，虽然是小小的因，但逐渐在俱有因无不齐全的情况下，会产生广大果。如果种子不存在，无有种子，也就不会产生芽等相续。为此，说明彼有则有，彼无则无，说明苗芽等相续的果就是具有种子的因：

从种有相续，从相续有果，

先种后有果，不断亦不常。

假设种子没有成为苗芽等相续之缘，依靠火焰与火烬等相违的外缘而毁灭，那么当时就不会见到其果的相续产生，结果就成了断见。再者，假设种子不灭而产生苗芽等相续，那么由于承许当时种子不灭，结果就成了常见。但事实也并非是这样。所以，种子不会成为断灭与常有。

就像对于种子所讲的这种道理一样，心相续也是如此：

如是从初心，心法相续生，

从是而存果，离心无相续。

心与善心的差别相应，从中产生它的果——心的相续，由善心熏染的心相续，在俱有因无不齐全的情况下就会产生悦意果报。如果没有一颗心，心不存在也就不会产生它的相续。

所以：

从心有相续，从相续有果，

先业后有果，不断亦不常。

假设像阿罗汉最后心那样的善心，心的相续因果接连辗转的次第相续不断产生的因法没有形成就灭了，那么业就成了相续断灭。再者，如果未来相续的因法形成后没有失去自本体，那么当时业就成了常有，但事实也不是那样。所以，已经承许业是刹那性，也就没有成为常断的过失。

所说业的详细分析在此也就是讲十善业道：

能成福业者，是十白业道，

二世五欲乐，即是白业报。

十善业道，是修成正法的方便，也就是作为成就之因的意思。

若问：这些安立为修行之方便的法是与善业道他体吗？

答：法的名词，唯一是心的某种特点，“人能降伏心，利益于众生，慈心是为法”已宣说了法。一方面，十善业道究竟的本体，是“法”的所诠，正做的本体是善业道的所诠。十善业道，成立具足已说之法的法相，安立为因。

再者，业的分类时已讲述的，它如何成为十善业道呢？

作答：身三业、语四业，以“身业及口业，作与无作业”等说明了。意三业，就是无贪心、无害心及正见，是以“及思”说明。如此一来，也就完全解说了十善业道。它们成了所谓成就正法的因。十善业道法的果，是享受色声香味触的五种欲妙。所谓“此”是今世之义，“他”是未见的他世之义。这样就回答了有些人的辩论。

为了答复其余对此指责过失进行辩论而说：

若如汝分别，其过则甚多，

是故汝所说，于义则不然。

假设以与种芽相同的道理来说明心的相续断除了常断的过失，那当时对他宗来说是个大过失，由于见与未见相违、数量多而成为多种过失。是怎样的呢？

假设种子是相续的比喻，那么水稻的种子只能产生稻芽等相续，而不会产生不同类，稻芽等相续中也只产生稻子的果，并不会产生不同类山豆根的果。同样，这里也是同类的缘故，善心只能产生善心相续，不同类的缘故，不会产生不善心与无记心的相续。同样，不善心与无记心也只会变成不善心与无记心的相续，由于种类不同故不会产生其余种类。行于欲界、色界、无色界的心与无漏心也只产生相同的行于欲界、色界、无色界的心与无漏的心，而不会产生不同类。人的心也只能产生人的心，并非产生其余天人、地狱、饿鬼、旁生等的心。所以，是天人唯一成为天人，是人唯一变为人。造不善业的天人和人、趣、生处、种姓、智慧、根基、力量、相貌、受用等均不同，也不会有堕入恶趣的情况。但实际上，这些是谁都不承许的。如果觉得与种子相续相同，那就成了大过失，并有许多太过，为此那种安立在此也不合理。

今当复更说，顺业果报义，

诸佛辟支佛，贤圣所称叹。

若问：那种安立又是什么？

不失法如券，业如负财物，

此性则无记，分别有四种。

已造善业，是刚刚产生立即就灭，虽然业已经灭了，但也不会成为无果的过失，原因是，在业产生的当时，作者的相续中就产生了某业的不失毁法的不相应行，如同债务的债券一样。所以要知道，如债券般不会失毁，而产生“不失毁法”的业如同债务一样。就像放着债券而享受财物，但财物的主人不会失毁自己的财物，在某个时候会连同利息的财物一并收回。同样，业虽然已经毁灭，但由于另外的不失毁法存在，所以作者就会有与因相关的果报。再者，如同凭着债券放债者会收回财物，到那时已经作废的债券不管有没有，都不能再收财，同样不失毁法产生异熟果报后不管存不存在，都如同作废的债券一样，再不能使作者受果报。

再有，其他经中所说与我们所讲的不失毁法，由界而分四种，行欲界、色界、无色界及无漏的不失毁法自性是无记法，由于它不能指明是善不善故唯一是无记法。假设不善业的不失毁法是不善业，那么当时对于离开了欲贪者来说就无有它了。假设善业的不失毁法是善业，那对于断了善根者来说就无有它了。所以，它自性就是无记法。

此外：

见谛所不断，但思维所断。

以是不失法，诸业有果报。

不失毁法，不是以见道所断，否则圣者也应具有凡夫业了，依靠见道只能断除凡夫的业，虽然断了凡夫的业，但见道并不能断除不失毁法，它是修道所断。真实超越界也能断除不失毁法。

尽管业已经毁灭，但不失毁法不会毁灭，虽然已经断除了业，但也不是断除不失毁法。所以，是以不失毁法产生业的果报。

再者，假设问：如果这个不失毁法，因为断了业而舍弃断除，以业迁移即业毁灭，趋向其他业的本体而灭，那有什么过失呢？

答：

若见谛所断，而业至相似[1]，

则得破业等，如是之过咎。

假设就像异生凡夫的业一样，不失毁法是以见道所断，那么当时业是绝对毁灭，由于业灭，故诸圣者即便有先前的业因但也不会有悦不悦意的业果了。未造的业也会生果，由于视无有因果，故也成邪见。如果这样承认不失毁法是见道所断，那么应成“破业等”的过失。

也可如此类推业迁移：

一切诸行业，相似不相似，

一界初受生，尔时报独生。

相似，是指同类业。不相似指不同类业。一切相似业与不相似业的不失毁法，在结生到欲界、色界、无色界时，所有业毁灭，而唯它独自产生。对于界也是同样，只会生起同等界的不失毁法而不会成为不同界的不失毁法。

如是二种业，现世受果报，

或言受报已，彼法犹故在。

不失毁法，在今世中，以有漏与无漏的分类有两种，这两种一一都产生具有思业与思所生业之自性的业与业的不失毁法。不失毁法在成熟果报时也

1 “而业至相似”，在藏文版本中是“业灭彼亦灭”。

必定不灭，虽然它存在，但就像债券失效一样，也不能产生果。

若度果已灭，若死已而灭。

于是中分别，有漏及无漏。

不失毁法在升迁果时就会灭，如云“但思维所断”。已经死亡时也会灭，如云“一界初受身，尔时得独生”。也就是说，应当了知，一切有漏业的不失毁法是有漏，一切无漏业的不失毁法是无漏，要知道它的分类。

所以：

虽空亦不断，虽有而不常，

业果报不失，是名佛所说。

他宗（有部宗）说：因为造了业以后业就灭了，不是以自性安住，所以就成了空性，但也不会因为业不安住而成为断见，因为不失毁法受持而有业果的缘故。如果无有果报，那就成了断见。由于有不失毁法，如同种子相续的常有不存在，因此以众生、种姓、趣、种种界的差别来分，也成立鲜明的五道轮回。因为承许业自本体不安住，也就不会有常派的过失。由于有不失毁法，故一切业都不会虚耗，这样的法是离开了一切无明而觉悟的佛陀出有坏所说，为此前面他宗所说：“若成熟时住，彼业应成常，若灭即无常，云何能生果？”所说的这一点对于我们宗派来说不具合理性。所以，唯有我们所讲的观点才合理。

驳：业也是不合理的。因此对果的因进行辩论：

诸业本不生，以无定性故[1]，

诸业亦不失，以其不生故。

你们为何因为寻香城的围墙倒塌而担忧，费尽心思不辞劳苦去保护它呢？假设业以自本体产生，那么它在没有成熟果报之前一直安住，结果就成了常有。由于毁灭就成了断灭。自性空性中业无有生，观察业就变成这样，它怎会有住与灭呢？“诸业本不生，以无定性故”，因为业无有自性故无生。

若对方说：假设业由于无自性而不生，那为何世尊说“众生之诸业，百劫不毁灭，因缘聚合时，其果定成熟”？

答复：世尊这样说是有密意的，意指“诸业亦不失，以其不生故”。

所以此理对我们没有妨害。应当了知，所谓的业无自性无疑就是如此。

否则：

若业有性者，是即名为常，

不作亦名业，常则不可作。

假设业以自性存在，那么无疑成为常有，因为自性不会有变异。为此，业就成了非所作性。为什么呢？因为常法无有所作。所谓常就是永存，永存的法不该是所作，也不观待因。所以，即使没有行善不善业在世间也将成熟果报。

因此：

1 “诸业本不生，以无定性故”，这两句在藏文注释中无有。

若有不作业，不作而有罪，

不断于梵行，而有不净过。

假设业是无为法，那么当时没有造罪，也成了有罪业，没有造杀生业的人，没有造罪也有杀生罪业，因为彼此相联，故成了未造也会遭遇。没有失坏梵净行，也成了破梵行，为什么呢？因为梵行清净者，没有造非梵行业也有非梵行业，结果一切都成了非梵行者，由此不会有谁趋入涅槃。

是则破一切，世间语言法，

作罪及作福，也无有差别。

耕田、经商、养牛等为了结果所做的一切事，没有造作中就存在的缘故均成无义，这也与制瓶子、织氆氇此等世间的一切名言相违，瓶子等一切本就存在。所谓“这是造福、这是造罪”也没有差别了，因为造福、造罪二者一一都没有作也有福罪。

若言业决定，而自有性者，

受于果报已，而应更复受。

此外，业的果报已经成熟，还是要再三受果报，因为就像果报没有成熟的阶段一样，没有失去自本体。假设认为业自性存在，那么就是有自性，因为业有安住，所以无疑会有所说的过失。为此，业无自性。对于说“业无自性”的我们来说，不会有常见断见的过失。

他宗说：业是以自性存在的，因为它的因存在。不存在的法不会有因，如龟毛的衣服。业的因——烦恼也是存在的，因为以无明之缘生诸行，以取之缘生有。所以，业是存在的。

驳：这种说法不合理。为什么呢？

若诸世间业，从于烦恼生，

是烦恼非实，业当何有实？

此业是烦恼的本性，具有烦恼的因，而那些烦恼也并不是真实存在，如下文要讲道："净不净颠倒，皆从众缘生，若因净不净，颠倒生三毒，三毒即无性，故烦恼无实。"所以，那些烦恼并非真实。具有烦恼因的业又怎能真实呢？因此，业并非自性存在。

他宗说：业与烦恼是存在的，因为它们的果存在。业与烦恼的果——"身体"是可得的，任何法的果可得，它就存在，如空中的鲜花等不存在的法，它的果不可见。

驳：假设它们的果"身体"存在，那么业和烦恼也就存在，可是它们的果并不存在。下面说明：

诸烦恼及业，是说身因缘，

烦恼诸业空，何况于诸身？

业与烦恼如何为空性的道理已经宣说完毕。所以，业与烦恼并不存在，那它们的果——身体就不存在，这还有什么可说的呢？因为前文已经证成它们不存在，所以对此没有丝毫还要说明的。

他宗说：业是自性存在的，因为受果报者存在。不存在的法不会有受果报者，如空中的芒果。受业果者是存在的：

无明之所蔽，爱结之所缚，

而于本作者，不异亦不一。

无明、无知、黑暗与愚痴是异名。因无明所遮障、所蒙蔽，众生辗转投生五趣轮回，故为生。所谓有情、补特伽罗、含生都是异名。爱、贪欲、贪执、贪著也均是异名，具有爱的束缚，故为爱结，就是具有爱束缚之义。如经中云："无明障有情，具爱之结缚。""然自造罪业，各自受果报。"其中所说的就是业果的受者。他并不是作者以外的他性，也不是自性，因为不可说为自性他性。由于感受果报者存在，因此业就存在。

驳：假设业存在，那么业的作者与受果报者也就存在，可是业并不存在，如何不存在呢？

业不从缘生，不从非缘生，

是故则无有，能起于业者。

假设有个所谓的业，那么它是从缘生还是从非缘生？假设承认从缘生，那不合理，因为《观因缘品》中已经讲述过。如果从非缘生，"若堕于无因，则无因无果……"在《观作作者品》中已详细说明。因为业既不是缘生也不是非缘生，所以业的作者也不存在。业与作者不存在，那又怎能有业生的果呢？既然果不存在，那么又怎会有受果者？要了知所有这些都绝非自性存在。

无业无作者，何有业生果？

若其无有果，何有受果者？

他宗说：虽然你们安立诸法无自性，但世尊说“自造业自受果报”，以此可破你们承许的一切观点。由于抹杀业果，故你们是无有派主尊。

驳：我们并不是无有派，我们遮破有派与无派而走向无二道涅槃城，这是很明显的。我们也并不是说业、作者、果等不存在。

那是什么？

是安立“这些无自性”。

如果认为：无自性的一切法，不应该能起作用，因此有过失。

驳：并没有这种过失，绝对有自性的法，不曾见过有作用，可见只有无自性的法才有作用。如此可见瓶子等无自性的法，才能在世间中起自己的作用。

另外，此义由极明显的比喻可了知：

如世尊神通，所作变化人，

如是变化人，复变作化人。

比如，本师佛陀出有坏神通圆满，依靠神变力变出幻化人，幻化人是由佛陀出有坏所幻化，他又再度幻化其他幻人。所幻化的另外幻化人是空性无自性，是说远离了如来的自性之义。幻化者幻化的另外幻化人也是空性，就是远离了如来的自性。

无自性的一切法，如何能起到无自性的作用，如何有业与所作、作者之说？

如初变化人，是名为作者，

变化人所作，是则名为业。

这里业的作者，如同幻化的形相，是自性空性，自性空的作者造作少许业也是自性空。要知道就像幻化人又幻化出其他幻化一样。所以，无二中观宗怎会有邪见呢？如云："善逝所说语，怙悯行路人，佛化幻化相，于彼示佛法。百千众生闻，发愿求佛智，思我何时得，知意佛授记。人君迎请佛，彼施无边际，胜得不可思，有者生信解。"其中有广说。《毗奈耶经》中也说："世尊幻化为恶行沙门，彼自诩与持戒清净者相伴。"以幻化的比喻不仅仅是指明无自性见正理的本体，而且以这些比喻也说明要了知万法无自性。下面说明：

诸烦恼及业，作者及果报，

皆如幻如梦，如焰亦如响。

烦恼是指贪心等，因为能使众生的心相续染污。业指善业、不善业及不动业。身指躯体，作者指我。果报指异熟果、增上果、等流果。要了解烦恼等就像寻香城等一样无自性。所以应了知，由于不承许诸法之自性，因此唯有中观宗才无有常断见的过失。对分析业果相属进行恶劣争论其余的辩答详细内容当从《入中论》中了解。这里，幻化的两位比丘调伏五百比丘的公案，在《大宝积经》中有完整记载。

月称论师亲造之《显句论》·第十七观业品释终

第十八　观我品

他宗说：假设烦恼、业、身体、作者、果这一切不是真实性，就像寻香城等一样不真实，可在凡夫前显现真如的行相，这里真如是什么？如何才能趋入真如呢？

下面说明：内外的法不可得，因此将内外执为我与我所完全灭尽，这就是此处的真如。关于趋入真如，如《入中论》中云："慧见烦恼诸过患，皆由萨迦耶见生，由了知我是彼境，故瑜伽师先破我……"详细内容当参阅《入中论》。此处只是片面解说。想要趋入真如、欲求无余断除烦恼过患的瑜伽行者，要了悟到这个轮回的根本。如果了悟到这一点，那么见到轮回的根本萨迦耶见，并且通达我是萨迦耶见的所缘，由我不可得而断除萨迦耶见，断除了它就能无余遣除烦恼过患。所以，首先应该了悟我执的对境——这个所谓的我。观察我执的对境，它是蕴的自性还是与蕴他体？由于所依、能依、彼此具有的情况都归集在一性与他性的范畴里，因此归纳来说就是通过破一性与他性两方面来破我。

若我是五阴，我即为生灭，
若我异五阴，则非五阴相。

若问：另外在《观如来品》《观燃可燃品》中，列举了五个方面，这里为何是两方面？

答：因为在那些品中已经宣说了五方面，其余已宣说，在此也就未阐述。概括来说列举两方面：假设认为蕴是我，那么因为蕴具有生灭，我就成了有生灭，因为蕴有生灭。可并不承许我是这样，否则有许多过失，如下文要讲道：“未生中不生，于此有太过，我则成所作，大种也无因。”“近取非是我，彼是生与灭，取者亦如是，成是近取者。”

此外，关于这方面，《入中论》云：“若谓五蕴即是我，由蕴多故我应多，其我复应成实物，我见缘物应非倒。般涅槃时我定断，般涅槃前诸刹那，生灭无作故无果，他所造业余受果……”其中作了详细分析，当从中领会，于此不作广述。

既然蕴不是我，那么与蕴他体也不合理。假设认为我与蕴是他体，那么我就不具备蕴的法相，如同与黄牛他体的马不会有黄牛的法相一样，我与蕴他体也就不具有蕰的法相，因为蕴是有为法，具有生住灭的法相，我不具有蕴的法相，所以我就不具有生住灭。由于不生或是无为法故如空中鲜花或涅槃。既然得不到所谓的我，那么我执的对境也就不合理。为此，我与蕴是他体也不合理。另一方面，假设我与蕴是他体，那么它就具有非蕴的法相，五蕴有变碍、领受、执相、现行、各别证知对境的法相。如果承许我就像由色以外的心识一样与蕴是他体，那么就成立不同法相。由于成立不同法相，就如同色以外的心一样，成了所取，也就不是能取。所以，我与蕴也不是他体。

假设说：难道外道不是认为我与蕴他体，它的法相也是不同吗？所以这种道理对他们并不能妨害。关于外道所说我的法相不同，《入中论》中说：“外计受者常法我，无德无作非作者，依彼少分差别义，诸外道类成多派。”

驳：尽管外道的确说我与蕴是他体及其法相，可是他们并非是以我自本体可得而说其法相的。

那是什么？

没有如实证悟依缘而假立的意义，进而畏惧，因此没有了悟我是虚名，并且也失毁世俗谛，只是以颠倒分别的相似比量所欺惑才妄加分别为我，也讲了它的法相。《观作作者品》等中，已经宣说了我与近取五蕴二者是相互观待成立，世俗中也对它们进行了遮破。“犹如依明镜，现自面容像，彼于真实性，少许亦非有。如是依诸蕴，执我成可得，如自面影像，真实无少许。犹如不依镜，不现自面像，不依于诸蕴，执我与彼同”，已说明了这一点，所以不再费力。

没有了悟依缘假立的颠倒者耽著我的基础，显现为这个五蕴的近取者本身是具有蕴的法相还是不具有蕴的法相？这是求解脱者所要分析的。分析一切情况，求解脱者都了不可得，为此，对他们说：

若无有我者，何得有我所？

灭我我所故，名得无我智[1]。

由于我不可得，故假立我的因——五蕴有实法的我所就更不可得。犹如马车已经被烧，其分支也会被烧毁，所以不可得。同样，瑜伽行者何时证悟了无我，那当时就决定证悟蕴的有实法我所无我。如云：“我执所生蕴，执我实虚妄，种子若虚妄，其生岂真实？见蕴不真实，则将断我执，断除我执已，后则蕴不生。”就像春季的末月，无云晴空，烈日炎炎，稍稍凝聚的日

1　“名得无我智”，在藏文版本中是“无我我所执”。

光好似烈火的火星，大地变得越来越干燥，酷热逼恼，再加上正值大地越来越干燥，观待颠倒所见而见到像水一样的阳焰，所以处于远处的那些人们，生起那是非常清净水的感觉，而靠近它的人们并不会如此。同样，具有无明颠倒远离现见我与我所法如实存在的异生凡夫前显现真实，虚妄增益我与蕴的此义，在近处见到万法真如者前并不显现。（《中观宝鬘论》中云：）“远处所见色，近见更明了，阳焰若是水，近处何不见？如是诸远者，见此世间真，近者则不见，无相如阳焰。阳焰现似水，非水非真实，如是蕴似我，非我非真实。”由于我与我所不可得，故靠近见胜义的瑜伽师可决定：“灭我我所故，无我我所执。”属于有利我的就是我所，即所谓我所有的五蕴之义。灭尽了我执的对境——我、我所执的对境——我所之蕴等法，由于不生而不可得，瑜伽行者就不会有我执与我所执。

如果说：假设这样，难道不是有了无有我执与我所执的瑜伽行者吗？既然他存在，那么我与蕴也成立。

驳：事实并非如此。因为：

得无我智者，是则名实观，

得无我智者，是人为稀有。[1]

我与蕴在一切情况下均不可得的自本体，无有我执与我所执，怎么会存在异体的其他事物呢？谁见到如是不存在的自本体无有我执与我所执，应当了知他不见真如。如世尊言：“内我观为空，外法亦观空，观修空性者，彼亦少非有。”复云：“思寂最寂法，凡夫入劣道，法空无文字，文示无文字。思寂最寂法，思亦永非生，戏论心分别，故知法离思。”又言：“蕴无

1　这一颂在藏文版本中是“无我我所执，彼者不可得，无我我所执，见者则不见”。

性空性，菩提无性空，行亦自性空，智知凡愚非。”

内外我我所，尽灭无有故，

诸取即为灭，取灭则生灭。

经中说：“一切烦恼之根本乃萨迦耶见，来源乃萨迦耶见，因乃萨迦耶见。”萨迦耶见依靠我我所不可得，可以断除，断除了它，也就能断除欲近取、见近取、戒禁近取与我语近取四种近取。由近取灭尽，具备有之法相的生即灭尽。因为生还灭的次第如此安立，如云：“业惑灭解脱。”如此取灭尽，则具其缘的有也不生，如果近取与有灭尽，那么又怎会有生、老、死等呢？如此一来，成立所谓“由业烦恼灭尽而解脱”。

如果说：那么，就必须讲解由业与烦恼灭而灭的道理。

解说：

业烦恼灭故，名之为解脱，

业烦恼非实，入空戏论灭。

异生凡夫非理分别由色等产生贪等烦恼，下文要讲道“从忆想分别，生于贪嗔痴，净不净颠倒，皆从众缘生”。经中也说：“欲妙汝根本，由识分别生，于汝不分别，是故我不生。”业与烦恼是由分别念所生，那些分别妄念也有种种戏论，从无始轮回以来一直串习，能知、所知，所诠、能诠，瓶子，氆氇，车、色、受、男人、女人、得未得，乐苦，闻名未闻名，赞毁等中产生。世间的戏论也无余是空性，一切法通过观空性而灭。如何灭的呢？

如果有实法有可得，那么就有所说的戏论，而石女的女儿不可得，具贪者的有境不会趋入她的戏论。没有趋入戏论，他的有境就不会趋入非理分别。没有进行分别也就不会由耽著我与我所中产生具有萨迦耶见根本的众烦恼。不产生具有萨迦耶见根本的众烦恼，就不会造业，没有造业者，也就不会感受生老死的轮回。如此空性具有无余寂灭戏论的法相。依靠它将远离戏论，远离了戏论也就遣除了分别念。遣除了分别念就遣除了业与烦恼，遣除了业与烦恼就去除生，所以唯有空性才具足遣除一切戏论的法相，由此名为涅槃。如《四百论》云："如来所说法，略言有二种，不害生人天，观空证涅槃。"清辨论师没有领会声闻缘觉对空性有所证而说：声闻圣者决定观另外的行聚生的每一刹那有坏灭性，无有我我所，但由于无有所谓我的有实法，生灭也只是在有实法上可见。我是我执的对境，如果无有我，也就不会产生我执，因为我是绝对不存在的，所以也就丝毫不存在内外的有实法，结果就不会有我所执。如果除了名言的名称以外，（声闻缘觉）尚且于我无有我执和我所执，自本体决定不会生，那么大菩萨观诸行无生，安住无分别的智慧行境就更不言而喻了。所以说"得无我智者，无我我所执"。

这位论师对如此这般的境界，怎会不是追随龙树菩萨的观点？《入中论》中"彼之远行慧亦胜"已经说明了这一点。再不必费力破斥。为此，世尊言："须菩提，欲求声闻菩提者亦当修学般若波罗蜜多；须菩提，欲求缘觉菩提者亦当修学般若波罗蜜多；须菩提，欲求无上真实圆满菩提者亦当修学般若波罗蜜多。"作了广说。此外经中还说："思成善逝成声闻、欲求独觉法王者，不依此忍不获得，譬如船夫不见岸。"

他宗说：假设安立说"内外法不可得的缘故，于内外认为我与我所的分别念不生即名真如”，那么世尊说过“自是自怙主，他者谁成怙，善调伏自故，智者得善趣”。还说“黑白业不灭，自作自感受，业果非迁变，无因缘不生”。你们的观点怎么会与佛陀详细所说的教义不相违呢？

答复：“无我或众生，此等法具因”。再有，“我非色、我非具色，色中无我，我中无色……我非识，我非具识，识中无我，我中无识”，世尊怎么没说诸法无我呢？由此可见上面教证与此教证并不相违。所以，应当探寻世尊所说的密意。

世尊在总的经典中曾说过：

诸佛或说我，或说于无我，

诸法实相中，无我无非我。

密意即是如此：由于恶见重重眼翳无余蒙蔽了慧眼，没有超越万法行相世间无垢见的对境，也不得现见，只是住于名言谛同时策励随行于地水火风的真如，声称就像原料、粮食、酵母、水、温度等完全成熟的缘中产生，可得到具有迷醉、令人昏迷等功效的酒一样。心是从凝酪等大种完全成熟中产生。对前际后际进行抹杀，此世间也不存在，也无有行善作恶一切业的果报，也没有化生的有情……对他世与我进行抹杀。由诽谤这一点而远离投生殊胜果悦意善趣与清净解脱，由恒常不断现行造不善业，将趋向地狱等大险地。为了遣除他们不真实的那些见解，摄受上中下所化众生。为了使造不善罪业的下劣所化众生制止造不善业，佛陀出有坏，立誓如实随行以八万四千行分类的不同众生界的意乐，无余救度众生界，使他们精勤修行，具足方便智慧大悲、作为众生无等至亲、无余治愈烦恼疾病的大药王也在某些情况下说有我。

破无因派的理由：在《观作作者品》“亦非无有因”，可以从《入中论》中详细了解，因为其中已经遮破了这一点，所以在此恐繁不述。

行善业、断不善业，就像用非常长的绳索拴在桩子上一样视我为真实的顽固见解，走得再远，也无法超离三界、趋向涅槃寂灭城。

为了使中等所化众生放弃耽著坏聚见，对涅槃生起欲乐心，佛陀出有坏也宣说了无我。依靠先前修习而对深法有殊胜信解相系的种子完全得以成熟，涅槃就近在面前，远离贪我，能探测到能仁王经典殊胜甚深本义真如的堂奥。

对于那些上等所化众生决定有殊胜信解之后，佛陀也说“无我无非我”，就像我见非真实一样，它的对治无我见也不真实，就是说“诸法实相中，无我无非我”。经中也说：“迦叶，所谓我是一边，无我是第二边，二边之中间无碍无对，无依、无现、无明知、无处。迦叶，此名中观道，于诸法真实各别证悟。”《宝鬘论》中也说：“如是我无我，真实不可得，故大能仁遮，我与无我见。佛说见闻等，非真亦非妄，倘若成违品，彼二实非有。”

为了使意乐不同的上中下所化众生通过遮破我、无我、二俱的途径趋入佛陀出有坏所说之法，中观宗无有教证妨害，为此圣天论师说：“初遮非福德，中间遮止我，后遮一切见，知此为智者。”龙树菩萨也在（《宝鬘论》）中亲言：“犹如声明师，令先读字母，佛陀为所化，宣说堪忍法。有前为遮止，罪业而说法，有前为造福，有前说依二，有前俱不依，深法疑者畏，空悲藏授予，有修菩提者。”另有论师有其他解释：具有每一刹那毁灭之特性的诸行，无有业果相属，数论派等也安立所谓的我，但没有依靠正理见到有轮回者我。顺世派则声称“根前之行境，士夫亦如此，贤女曾多闻，彼等如狼迹”，也成了宣说所谓“无我”。就像对于有眼翳者所见的毛发飘浮无有眼翳者不见一样，有实法是异生凡夫所安立，而未曾照见我与无我等自本体的出有坏佛陀也说我与无我均不存在。

对此他宗说：假设佛陀出有坏宣说了无有我与无我，那就是没有说那二者，那说了什么？

作答：

诸法实相者，心行言语断，

无生亦无灭，法性如涅槃。

如果这里有个所诠，那可以宣说它，可是已经断除了所诠，无有言说的对境，诸佛少许也不曾宣说。

若问：如何无有所诠？

答：断除了心的行境，心的行境就是心的对境，行境就是对境。是所缘的意思。假设有个心的对境，那么可以对它增益某个理由而进行言说，可是心的行境并不合理，如何以增益为理由而进行言说呢？

若问：为何没有心的行境呢？

答：正是为了阐明这一点，才说“无生亦无灭，法性如涅槃”。因为无生无灭的法性，与法之本体及法之自性涅槃相同，为此心不流转。如果心不流转，又怎会有增益理由？由于无有增益理由，又怎会有言语？因此说“诸佛少许也未说”。所以下文要讲道：“诸法不可得，灭一切戏论，无人亦无处，佛亦无所说。”

如果说：并非如此，或者前面观点是另外的意思，戏论是以空性而灭，那戏论到底是如何以空性而灭的呢？

答：因为“诸法实相中，心行言语断……”如前所说。一方面这样来讲，前面讲了内外的有实法不可得，所以于内外执为我与我所灭尽，那就是真如。

若问：它到底是怎样的呢？是否可说或可知？

答：“心行言语断”所谓的“真如”只是词句。

又问：为何说真如是“心行言语断”呢？

答：“无生亦无灭，法性如涅槃。”解释要结合前文。为此经中云：“寂慧，某夜如来现前无上真实圆满菩提而成佛直至某夜无取而入灭之间，如来未说一字，将来亦不说。”“幻轮造铙钹，风动出音声，虽无能弹奏，然将出音声。如是昔善修，众生意劝请，佛亦出言语，于此无分别。犹如回响声，内外皆不住，如是人王语，内外皆不住……”

有些人驳斥说：中观宗与断派无有差别，因为他们说善不善业、作者、果、一切世间自性空，断派也是声称那些不存在。因此，中观宗与断派无有差别。

驳：事实并非如此，中观宗是讲缘起，依缘而起的缘故此世、他世等一切都无自性。而断派并非认为是缘起的缘故自性空，他们认为他世等法不存在，此世的有实法自性可得，而不见是从他世来到此世、从此世去往他世，从而抹杀与此世间法相同的其他事物。

假设说：即便这样，但他们也认为有实法自本体不存在就是无有，所以从这一见解方面有所相同。

驳：并没有，中观宗承许世俗中存在，而他们不承认，因此并不相同。

假设说：有实法不成立这一点相同。

驳：假设是因为有实法不成立相同，那么由于了悟者不同而不相同。比如，对一个盗贼，一人没有真正知道实情时，由于与他关系不好而隐瞒真相，颠倒地说“此人偷东西”。另有人见到实情后进行呵斥。虽然事物无有不同，但由了解者不同，一者说的是虚妄，另一者说的是真实，如果对一者真正观察，会得到恶名，成为罪业，另一者，并不会这样。同样于此有实法自本体虽然无有不同，但中观宗如实了悟有实法自本体，是领会而说，断派则不是如实了悟有实法自本体，所以不可一概而论、同日而语。前代的论师们说，就像凡夫与圣者的非抉择灭与抉择灭等持虽然同是等持，天盲与明目者虽然同是决定地方，但有着悬殊差别。同样，断派与中观宗也有差别。

他宗说：假设那样，“无生亦无灭，寂灭如涅槃”，虽然真如并不存在语言和心的运转，但如果没有说明，那么所化众生就不能了知，所以为了令所化众生趋入，无疑必然要有观待世俗谛如何宣说的次第，所以，应该宣讲它。

解说：应当了知趋入诸佛出有坏之真如甘露的圣教次第即如此：

一切实非实，亦实亦非实，

非实非非实，是名诸佛法。

如云："谁喜于何法，彼前先说彼，是为失毁者，则非妙法器。""犹如边地言，余者不能取，如是世间外，不能受世间。"世尊也说："世间与我争，我不与世争，世间承许有，我亦承许有。世间承许无，我亦承许无。"在经藏开篇，世尊就说，"如是器世间与有情世间最初由风轮至有顶，遍及虚空际之生、住、灭无误分类有种种，有因有果，有品味，有过患，为了令世人想到世尊了知一切并照见一切，无余彻知世间生相而于我起信，观待其见解而言，所化众生自前共称之法详细分类、辨析自本体相，以听闻而生胜解欲乐心，有无明眼翳者思择蕴界处等真实，彼者真实。"由此，所化众生认为世尊是全知，他们生起这种心念后，世尊又说："彼等皆非实。"所谓真实是指无有变异，每一刹那毁灭，因此一切有为法是有变异的，因为有变异，就不是真实。"亦"字是并且之义。当观"一切实非实"总结说明。说"一切实非实，亦实亦非实"。观待凡夫来说，这一切都是真实，而观待圣者智慧而言，这一切都是虚妄，因为他们没有照见如此这般。对于长期以来串习真如见仅有少许障碍没有解脱的有些人，佛说"非实非非实"，为了使少许障碍也予以断除，就像遮破石女儿的蓝色与白色一样，也遮破既有实也无实（二俱）。这是佛陀出有坏所宣说，是为了令他们迷途知返，安置于妙道而宣说的。如此渐次宣讲就称为随说。或者相应所化众生而宣说叫做随说。诸佛出有坏所说那一切都是趋入真如甘露的方便。一切如来没有说过不成为趋入真如甘露之方便的法，如同相应疾病的良药等一样，都是为摄受所化众生而相应宣说的。如《四百论》云："有无及二俱，亦说二俱非，由病增上故，宁非皆成药。”

若问：既然为趋入真如才宣说这些法，那么真如具足什么法相呢？

答：“心行言语断”，这一点我们已经解说完毕。既然如此，那还有什么要问的？

若说：虽然是这样，但按照世间名言承许，在名言谛前增益也需要讲它的法相。

答：

自知不随他，寂灭无戏论，

无异无分别，是则名实相。

并非依靠他人来了知，就是“自知不随他”，并不是由别人宣说而证悟，是自己所证悟的意思，如有眼翳者颠倒见到毛发飘浮等的本体，虽然无眼翳者已经对他说明，可是有眼翳者仍然没有像无眼翳者所了悟的一样见到毛发等的自本体。不能如实证悟所证。那是什么？依靠无眼翳者所说，只是了达“这是颠倒”的。当涂了除眼翳的眼药去除了眼翳时，没有见到毛发等的自本体才通达。同样，虽然诸位圣者以增益的方式宣说真如，但仅此并不能使非圣者证悟它的自本体。什么时候，依靠无倒的空性见——能去除无明眼翳的眼药，涂在慧眼上，那么就会生起真如智慧。那时，真如是以无证的方式自证的。

如此一切法的自本体并非依他了知，那就是真如，它是寂灭的自性，如同无眼翳者不见毛发飘浮一样，就是无自性之义。由于是真实性的故无有一切戏论，戏论是指以语言来表达意义。无有一切戏论就是以语言不可说的意思，它也是无分别，分别是心的运行。由于远离了它，故真如是无分别。经中云："何为胜义谛？心之行尚且无有，更何况文字。"如此就是无分别。此有不同义，由于有不同义就是异义，无有不同义，就是无异，也就是不异的意思。如《入二谛经》云："天子言：'文殊，何为胜谛之行？'文殊告言：'天子，胜义中真如、法界、根本无生等同，故胜义中无等同亦等同。无等同于胜义中等同，彼中一切见亦等同。一切见等同，彼中凡夫法亦等同。凡夫法等同，彼中有学法亦等同。有学法等同，彼中无学法亦等同。无学法等同，彼中真实圆满正等觉法亦等同。真实圆满正等觉法等同，彼中涅槃亦等同。涅槃等同，彼中轮回亦等同；胜义中，轮回等同，胜义中烦恼亦等同。胜义中染污等同，胜义中清净亦等同。胜义中清净等同，彼中一切法皆等同。天子，真实行一切法平等性之比丘名于胜义中真实行，非如言说。'天子言：'平等性，即胜义中至清净之间平等，胜义中一切法皆谓平等。'文殊言：'胜义中一切法平等无生，胜义中一切法平等无起，胜义中一切法平等永不生，胜义中一切法平等无实。天子，胜义中一切法等同，何以故？天子，胜义中持受永无生，于一切法无有相异。天子，譬如，桃器内虚空与宝器内虚空，这两者同是虚空，彼于胜义中少许亦无异体。天子，如是胜义中染污法永不生，胜义中清净法亦永不生，胜义中轮回亦永不生，至胜义中涅槃之间亦永不生，胜义中少许亦无异体。何以故？胜义中诸法永不生故。'"

所以应当了悟，不异，即是真如的法相，因为空性中一味。于此，也要明知以后后解说前前。这就是诸圣者的真如法相。

就世间的真如法相而言：

若法从缘生，不即不异因，

是故名实相，不断亦不常。

犹如依靠稻种产生稻芽一样，依靠因产生果，它不能称为真如。是种子就不是苗芽，否则所生能生应成一体。为此，父子二者也成了一体，是一体的缘故，如苗芽一样在苗芽的阶段也成了持有种子。或者，如种子一样不持有苗芽。这样一来种子也成了常有，因为承许它不灭，因此就成了常派，有大过失，因为业果等成了无有。可见，说既是种子又是苗芽不合理。也并非是它以外的法，也不是种子以外另有苗芽，否则无有种子也应生苗芽，（如《入中论》中云：）“他是他法外，尔时无他成他……”应成在苗芽的阶段种子相续也不断，所以有错乱的过失。因为依因生果，因也并非是果，也不是因以外的他果，所以也就能安立“因既不是断灭也不是常有”。圣天论师言：“以法从缘生，故体而无断；以法从缘灭，故体亦非常。”经中也说：“有种有苗芽，种子非苗芽，亦非彼外法，非常亦非断。”

因此以如是所说之理表明：

不一亦不异，不常亦不断，

是名诸世尊，教化甘露味。

真实圆满正等觉——大龙王以大悲的广大云聚无有间隔而覆盖尽虚空际诸方，消除众生贪等现行烦恼烈日所逼的恼热，成为恒常不断相应而行的亲友，普降妙法甘露流，如应使所化众生善根的庄稼苗芽得以生长，以此摄受众生。恒常降下正法甘露雨，作为世间中无救护者的救护者，作为无怙者的怙主，一切世间怙主的妙法甘露永断老死，当以所说的道理了知远离一异，远离常断。趋入声闻法之真如甘露的行者，以闻思修之次第趋入，享受戒定慧甘露，必定获得灭尽老死之本体的涅槃。善根没有成熟者，已经听闻了此妙法甘露，即使没有得解脱，但在他世依靠前世因的力量必定无疑成就。如《四百论》中云："今生知真性，设未得涅槃，后生无功用，定得如是业。"

怎么获得呢？

若佛不出世，声闻已灭尽，

诸辟支佛智，从于远离生。

在佛陀没有出世、声闻也已灭尽的时候，不具足宣示圣道的因缘，因此没有获得真如甘露，但只是由前世在他人前听闻真如之因的力量不观待此世的讲授也以远离外缘而获得的独觉，无有导师，依靠身远离及心远离，或者不寻找善知识，以无所宣说之因获得证悟。所以，佛陀不出世的时候，诸独觉也会证悟真如。由此可知，真实圆满佛陀药王所说妙法真如甘露，能成就果位。正因为这样，一切有智慧者宁舍生命也理应寻觅真如，如常啼菩萨寻觅般若佛母一样。

《般若佛母八千颂》中云："世尊，常啼菩萨大菩萨，如何寻觅般若波罗蜜多？世尊告具寿须菩提：须菩提，常啼菩萨大菩萨，先前寻觅般若波罗蜜多时，不作意身体，不惜生命，不住利养恭敬而寻觅。彼寻觅般若波罗蜜多。至旷野时，从虚空中闻声：善男子，前往东方，将获得般若波罗蜜多。不起身体疲劳想，不起睡眠昏聩想，不起饮食想直至于内外一切，心不慕求。善男子，不左顾右盼，不观东西南北上下诸方隅。善男子，如非由我生，亦非由坏聚中动摇，亦非由色中动摇，亦非由受想行识中动摇。由此中动摇，彼将退失，由何中退失？由佛法中退失，由佛陀诸法中退失，彼即行至轮回。行至轮回，彼不得享用般若波罗蜜多，彼不得般若波罗蜜多……尔时彼等不见有任何水，四处寻水，终未能得。尔后，常啼菩萨大菩萨心想：刺破我之身体，以血洒地压尘。何以故？此处尘大，由此处起灰尘，若落于法胜菩萨大菩萨身上，则不可。我身无疑坏灭，此有何用？宁可坏我如是身使其无力也心甘情愿，往昔以欲望流转于轮回时，我身成百上千次如是毁灭，无所不可。尔后常啼菩萨大菩萨取利刃，刺破周身，以自血于彼处洒地压尘……”“尔后，常啼菩萨大菩萨见法胜菩萨大菩萨之际，如入于初禅比丘一缘作意般获得安乐。尔后法胜菩萨大菩萨宣说般若波罗蜜多言：‘当知诸法等性故，般若波罗蜜多为等性。诸法空性故般若波罗蜜多为空性；诸法无动性故般若波罗蜜多无动性；诸法无骄举心性故般若波罗蜜多无骄举心性；诸法无自满性故般若波罗蜜多无自满性；诸法一味性故般若波罗蜜多一味性；诸法无边性故般若波罗蜜多无边性；诸法无生性故般若波罗蜜多无生性；诸法无灭性故般若波罗蜜多无灭性……虚空无边性故般若波罗蜜多无边性……诸法无杂性故般若波罗蜜多无杂性；诸法无得性故般若波罗蜜多无得性；诸法坏灭等性故般若波罗蜜多坏灭等性；诸法无作性故般若波罗蜜多无作性；诸法不可思议故般若波罗蜜多不可思议。”

月称论师亲造之《显句论》· 第十八观我品释终

第十九　观时品

他宗说：诸法自性是存在的，因为它是安立三时之因。过去、未来、现在这三时是世尊所说，它们是有实法的依处，因为有实法自性已生后已灭，称为过去；已生未灭即是现在，本性尚未得到，是未来。如此有实法自性的果三时也是存在的，所以它的因有实法自性也存在。

驳：假设三时存在，那么安立三时的因有实法自性也就存在，可是三时并不存在。下面说明如何不存在：

若因过去时，有未来现在，

未来及现在，应在过去时。

假设现在与未来时存在，那么它们观待还是不观待过去时？如果观待过去而成立，那么它们必定在过去时就存在，因为不存在的法不会观待它。就像自己的女儿不观待石女，自己的鲜花不观待虚空，自己的芝麻不观待沙子。

假设说：虽然灯的自本体无有黑暗，但也观待违品。

驳：并非如此，因为等同所立。在这里，假设观待成立，那么就是承认了现在与未来时在过去时存在。由于它们在过去时存在故就像过去时的自性一样，它们也成了过去时。但实际上它们并不成立过去，因为现在已经灭了的是过去，未得的是未来。现在与未来都不存在，那过去又怎会存在呢？所以过去也不存在。

断除所说之过失：

若过去时中，无未来现在，

未来现在时，云何因过去？

假设认为现在与未来时在过去时不存在，那么它们就不存在，如同虚空的青莲花般无有观待。

再者，若想：按照说时间宗的观点，时间存在，观待过去有何必要呢？

作答：

不因过去时，则无未来时，

亦无现在时，是故无二时。

既然现在与未来不存在，那么不观待过去的缘故如同驴角。要知道正是因为这一点，才说“现在与未来时不存在”。不管是观不观待过去，现在与未来都不成立。同样，不管观不观待现在，过去与未来均不成立。不管观不观待未来，过去与现在均不成立。如果认识到这一点，那么就可类推，不管观不观待现在、未来、过去均不成立的道理同等可破一切：

以如是义故，则知余二时，

上中下一异，是等法皆无。

到底是怎样的呢？“若因现在时，有过去未来，过去及未来，应在现在时。若现在时中，无过去未来，过去未来时，云何因现在？不因现在时，是故无二时，既无过去时，亦无未来时。”这是一个类推时间。“若因未来时，有过去现在，过去及现在，应在未来时。若未来时中，无过去现在，过去现在时，云何因未来？不因未来时，是故无二时，既无过去时，亦无现在时。”这是第二个类推时间。如此当通达两个时间替换。因为分析时三时不存在故时间并不存在。由于无有时间，也就成立诸法均无自性。就如同分析三时一样，也要了知上中下等一异等均不存在。“上中下一异，是等法”，包含了善不善无记法、生住无常、前际中际后际、欲界色界无色界、有学无学非有学非无学等三法相属存在的尽所有一切。“一异等”的“等”字，摄集二与多。要了悟“上等、一等”，依靠宣说三时来说明。

他宗说：时间是存在的，因为具有量。无有之法不会有量，如驴角。时间，以刹那、须臾、顷刻、昼夜、日、半月、月、季、年等分类也说明具有量。因为有量故时间是存在的。

驳：假设有个所谓的时间，那么它也可以有量，可是它并不存在。因为：

时住不可得，时去亦叵得，

时若不可得，云何说时相？

假设所谓的时间，有个不同安住于刹那等的情况，那么可以用刹那等来认定它有量。所谓的时间通过刹那等认定永恒安住也是不存在的。所以“时住不可得”，也就是不住的缘故不可认定之义。

如果认为：时间绝对有恒常安住之自性，因为以刹那等明显可知，如云

“时能熟大种，时能摄有情，时能醒睡眠，时极难违越”。具有这样法相存在的自性，时间是存在的。

驳：刹那等明显认定的时间安住并不存在。

若问：为何时间安住不存在呢？

答：因为异体的刹那等不可得。再者，请问这个时间是有为法的自性还是无为法的自性？这两者以“生住灭不成，故无有为法，有为不成故，如何成无为”在《观有为品》中已遮破完毕。为此，可认定的安住时间并不存在。由于时间不住并且不存在故不可定量，既然不可定量，如何能以刹那等来安立呢？因此说：“云何说时相？”

对方说：的确不存在一个与色等他体恒常成立的所谓时间，但是依行色等，假立的时间以刹那等名称来表达，所以无有过失。

驳：

因物故有时，离物何有时？

物尚无所有，何况当有时？

假设依于事物而安立有时间，那么事物本身并不存在，它的果——时间必定也不存在。因此说“物尚无所有”，因为前面已经详细说明，再讲遮破就重复了。既然事物少许也不存在，那么“何况当有时？”

时间不存在，作为它的量刹那等的时间差别也就不存在，为此怎么可依据有量而证成时间呢？所以，诸法自性不存在。世尊也在《圣象力经》中说：“设法有自性，佛声闻当知，诸法不涅槃，智永不无行。”又云：“说百千法已，十万佛入灭，法文字无尽，无生故无尽。”复言：“如来出世时，未来弥勒佛，大地遍现金，尔时彼岂生……”

月称论师亲造之《显句论》·第十九观时品释终

第二十　观聚合品

他宗说：时间是存在的，因为它是产生果的俱有缘。没有的法不是俱有缘的本体，如石女儿。所以，时间是存在的，因为是俱有缘，苗芽依靠种子、地水火风空及时间之因缘聚合而生，种子等因缘虽然聚合，但因为时间差别而不产生。外界如何内本性也是如此。如世尊曾说："众生之诸业，百劫不毁灭，因缘聚合时，其果定成熟。"由于观待时间存在，故对苗芽产生作为俱有缘的时间是存在的。

驳：假设生苗芽等果存在，那么就有作为俱有因的时间，可是果并不存在。如何不存在呢？如果认为种子等因缘聚合产生苗芽等果，那么认为果在聚合中是由一个安住的法中产生还不安住的法中产生？那会怎样呢？假设是安住的法，那不合理，下面说明：

若众缘和合，而有果生者，

和合中已有，何须和合生？

假设因缘聚合中有果，那么聚合中已有如何还由它产生呢？盆中有的酸奶不是由盆子产生。此外，已有就是已经成立，如已经成立的瓶子在前面也就不观待产生。

假设说：是使它明显或粗大。

驳：并非如此，对这一观点，前文中已答复。“燃不余处来，燃处亦无燃”已经回答。

如果认为聚合中无果，那也不合理，下面说明：

若众缘和合，是中无果者，

云何从众缘，和合而果生？

假设因缘聚合中无有果，那么因缘聚合如何产生果？由于其中不存在如同沙子中不会出芝麻油，因此不容。“是中无果者，云何从众缘，和合而果生？”意思就指果不是由因缘聚合中产生。

此外：

若众缘和合，是中有果者，

和合中应有，而实不可得。

何处有某法，它在那里就可得，如盆里的酸奶。何处没有的法，它在那里就得不到，如同沙子中得不到青油。

如果对方说：虽然诸法存在，但由于极细微、极近、极远、根沾有染污、身体不现、意不取，诸如极微、放在眼睛上的眼药、太阳运行、有眼翳者的每根毛发、盲人的色法、聋子的声音等，墙等阻隔的瓶子，成就者、天神、食肉鬼等的身体，故作意他境的其他对境不可得。

驳：那依靠什么来说明这些存在而不可得、不可取，而这些存在着，恒常存在着呢？

如果说：通过比量、衡量、教证可认定的缘故，它们是存在的。

那样就不可以说“他们不可得”，因为以比量等可得。

假设说，虽然有色根所得到的法存在，但以行为不可取。

驳：我们是说明存在的法以有色根不可取吗？

那是什么？

我们是说“和合中应有”。何处不存在的法，就不是由它所生，如沙子中不出青油。

如果认为：果也是由因缘聚合中产生，所以聚合中有果是由比量可得。

驳：何处有的法并非由它产生，如盆中不生酸奶，比量不该得出由此有彼。所以说聚合中无果，也就不可得。

如果说：两种观点都与比量相违的缘故，如存在不合理一样不存在也不合理。

驳：我们并不是建立此无。那是什么？是遮破他宗遍计此有。同样，我们也不是建立此有。那是什么？是遣除他宗遍计此无。也就是遣除二边而建立中观道。《四百论》中也说：“承许有果者，承许无果者，宅内柱子等，庄严无有义。”为此，并不是由因缘和合中产生果，否则有的法应成了可得。

如果认为：和合中无果。

驳：那也不合理。

若众缘和合，是中无果者，

是则众因缘，与非因缘同。

犹如火与炭等中没有苗芽，所以它们不成为苗芽的因。同样，所说的种子等也不成为因缘，因为它们中无有苗芽。由不是因缘中生果也不合理，因此无有果产生。

对方说：在聚合中有果还是没有果这个观点中，聚合中无有生果的能力。那是什么？因中有生果的能力，聚合是能助益于因，因才能生果，所以它给予因之后就灭了，因所利益的果也就产生。

驳：未能生果的因并没有利益，没有产生就如同石女儿一样丝毫也不能起到作用，所以这种观点并不合理。

此外：

若因与果因，作因已而灭，

是因有二体，一与一则灭。

假设认为因生果的缘故那个因作为因、给予因之后就灭了。这样一来，因的体性就成了给予者与灭者二体，那也是不合理的，因为一半应成常有、一半应成无常，常与无常互绝相违，也就完全不存在。

如果为了断除因的本性成为二体的过失，而承许能生果，少许也不给予，所有本体的因都灭。

如此一来：

若因不与果，作因已而灭，

因灭而果生，是果则无因。

假设因少许也不给予果，一切本性作为因后就灭亡，那么因灭以后产生的果就绝对成了无因。无因是不存在的，所以这种观点不合理。

对方又说：假设果从因生有这种过失，但与聚合一起就能生果，如同灯与灯光一样。

驳：这种想法也不合理，下面说明：

若众缘合时，而有果生者，

生者及可生，则为一时俱。

牛的左右角同时存在，但它们不可能是所生能生的关系。这并不合理。对此，有些人说：万法并不存在由无生中产生，否则就成了突然性的，所以，果在因缘聚合之前处于未来阶段，因缘聚合于现在阶段产生，而实体是安住的。

对此说明：

若先有果生，而后众缘合，

此即离因缘，名为无因果。

假设因缘和合之前果自本体就已存在，那么就不观待因缘，所以就成了无因生，无因生的事物也是不存在的，否则驴角等也应存在。

先前已成立，就无需再观待因缘，为此也不合理。此外，如果对方狡辩说：果唯由因能生，而并不是因缘和合中生，也不会成为已说的过失。

那么需要分析如此因对果给予因之后灭还是没有给予而灭？并非因是他法、果也是他法，而因灭以后变为果的本性。

如此一来：

若因变为果，因即至于果，

是则前生因，生已而复生。

假设认为因灭生果，果也就是因的本性，这样一来因就完全迁移了，就像演戏人脱掉其他服装又换上另外装束一样，因已迁移，而果并非是之前没有而生。结果因就成了常有，常有的法也是不存在的。如《四百论》中云："无有时方物，有性非缘生，故无时方物，有性而常住。"

另外，这种观点中，先前之因也将再生，生已复生不合理，因为无有必要并且应成无穷的过失。

如果认为：本性已存在的法不生，而唯一本性不存在的法才生。

驳：这也不可能，因之自本体不舍因的自性称为果，仅是不同的名称，因此，即使在不同阶段，也不能证成是相同实体，果的阶段完全舍弃因的自性，才称为果，所以“因存住于果本性中”这种说法很愚痴。

再者，假设因能生果，那么它是已灭的一个法还是未灭的一个法能生果？是产生已生之果还是未生之果？这两种情况均不合理，下面说明：

云何因灭失，而能生于果？

又若因在果，云何因生果？

假设认为已经灭亡的因产生果，产生存在的果，那不合理。为什么呢？已灭、不存在的因如何能生果呢？假设它能生果，那石女儿也能生子了。果本来已有、已经存在，也就不观待产生，又如何以因产生呢？

再者，由于无有能力故已灭的法不会生果。那是什么呢？

若认为：唯有因存住才能生果。

驳：“又若因在果，云何因生果？”与存在的果相关联，真实中相属的因以自性而安住，又如何生果呢？本论中说：“因者若改变，则成他法因。”因在作为因法的同时，无疑需要变异，而不变异，它就不具有因的法相，所以与果相属又如何生果呢？因为果已存在。

如果认为：虽然果存在而不需再产生，与果不相联，唯从无有真实相属的因中生果。

驳：这也不合理。

若因无关果[1]，更生何等果？

1　“若因无关果”，在原译中是“若因遍有果”。疑似为“若因遍无果”。

假设承许因与果不相关，那么现在能生什么果呢？因为不相关，故就成了要么生一切果要么丝毫不生果。

此外，假设因能生果，那么它是见到还是不见到果而能生果？这两种情况均不合理：

因见不见果，是二俱不生。

假设认为因见到果以后生果，那是不合理的，因为唯有存在的法才能见，而不存在的法并非能见。如果说是存在，那么它就不是所生，因为已有。由此可知，因见果而不能生果。因不见果也不能生果，否则它就成了一切果的能生。

如果问：这个见是指什么？

见就是可得，这是世间共称的。

假设说：由于无根故对种子来说难道这不是不可能的事吗？

不管可不可能，对我们不该反驳和观察。

那对谁呢？

对说有生者。

对方说：假设说有生者声称见到以后能生果。

驳："种子等能见"，这在世间中也是谁都不会说的，所以这种观点不合理。

如果认为因不见果而生果。

驳：如此一来，那它就能产生凡是存在的一切不见的法了，但事实上它并不能产生一切。所以因不见果也不能生果。我们是以建立对方观点不被承许来遮破他宗遍计的观点，而声称士夫等是因者前应成的“承许众生心先前的作者”以及裸体派应成的“种子等在一根前圆满”的过失不会反落到我们头上，因此我们无有过失。

此外，假设说：因果相互聚合之法相的接触存在，那它们二者应成所生能生的法，因为相互接触不存在，如同光明与黑暗或轮回与涅槃不是所生与能生的法。为此，如果承许因果二者是所生能生的法，则必须承认以他法接触。如果加以分析，则三时都不存在，所以并非以因生果。

接触如何不存在呢？下面说明：

若言过去因，而于过去果，

未来现在果，是则终不合。[1]

过去果与过去因永远不会一起接触，因为两者时间都是过去，已不存在。过去果永远不会与未产生的因接触，因为已灭与未生两者都不存在并且是不同时间。过去果与现在产生的因也无有接触，因为时间不同，果已灭已不存在，如同石女儿与天赐。

如同过去果与过去因、未来因、现在因永远不会一起接触一样，现在果与三时的因也无有一起接触的情况，下面说明：

1 这一颂，连同下面两颂中的“因”“果”位置不同，藏文中是“若言过去果，而于过去因，未来现在因，是则终不合”。

若言现在因，而于现在果，

未来过去果，是则终不合。

现在正产生的果不会与未来的因、过去的因一起接触，因为时间不同。现在的果也无有与现在因一起接触的情况，因为因果不存在同时并且已有再接触无义，已有的法相互不观待，再接触又何必呢？所以无有接触。

现在说明未来果如何与过去因、未来因、现在因无有一起接触之理：

若言未来因，而于未来果，

现在过去果，是则终不合。

未产生的果还不存在，它与时间不同的现在因及过去因不会一起接触，因为时间不同。也不会与未来因一起接触，因为两者都不存在。

一切情况下因与果二者都不会接触，下面说明：

若不和合者，因何能生果？

若有和合者，因何能生果？

由于没有接触故因不生果，如石女儿。

如果认为：有接触，因生果。

驳：那也不合理，因为三时中都得不到接触。

如果认为：因与果二者无论如何都接触。

驳："若有和合者，因何能生果？"即便是有接触，因又如何能生果呢？因为与果同时并存，再生无义，而且不是同时并存接触也不合理。

此外：

若因空无果，因何能生果？

若因不空果，因何能生果？

承许因能生果者，是认为空的一个法还是不空的一个法生果？无有果的因不能生果，如同非因一样果不存在的缘故。有果的因也不能生果，因为已有故如同已有的天赐。由此可见，果空不空的因都不能生果。

再者，要生的法，生空的果还是不空的果？

果不空不生，果不空不灭，

以果不空故，不生亦不灭。

不空的果，不是依缘而生，自性存在，这种安住的果不会产生，由于自性不可逆转故不会灭。所以，如果承许果不空，就成了不生不灭。可实际并不会这样承许。因此果并非不空，因为承许有生灭。

现在说明空果也不存在，否则应成无生无灭之理：

果空故不生，果空故不灭，

以果是空故，不生亦不灭。

空的法就是说自性不存在，自性不存在的法如何有生有灭呢？谁也不见自性不存在的虚空等有生灭。所以，如此承许果是空性，也应成不生不灭。

此外，假设有个因能生果，那么它是与果他体还是与果同体来生果？两种情况均不合理，下面说明：

因果是一者，是事终不然，

因果是异者，是事亦不然。

这仅是立宗，如何证成呢？下面说明：

若因果是一，生及所生一，

若因果是异，因则同非因。

假设因与果是一体，那么就承许了所生与能生为一体，可这两者也并不是一体，否则父与子、眼与眼识也应成了一体。可见，因与果并不存在一体。

现在讲也不存在他体。为什么呢？假设因与果是他体，那么由于他法无观待故果就成了不观待因，事实也并非如此。所以，因与果也不存在他体。如果这般加以分析，自性他性均不存在的它们并非是所生能生的法。因此，因不生果。

此外，假设因能生果，那么它是生有本性的果还是无本性的果？结果会怎样呢？这两者均不合理。下面说明：

若果定有性，因为何所生？

若果定无性，因为何所生？

果本性已有、自性已存在，也就不会产生，因为已有，如已有的瓶子。无有本性的果也不以因生，因为无有本性如同驴角。

假设说：以影像说明不一定。

驳：虽然成了不定性，但诸法无自性是成立的。所以，应该放弃有自性之说，跟随我们所讲的，有自性的法少许也不存在，由于无有违品故无自性的法也不存在，为此怎会不一定呢？按照我们的观点，影像不具自性，也非无自性，如果有法不存在，则它的法也不存在。诸位圣者并非照见所谓影像有少许自性及无自性。

要了解：前文中说“果不空不生……”两颂就是直接遮破生果的作者。这里是以因生果的所作加行而破作者，此处与前文有这样的差别。

对方说：虽然遮破了因生果的所作行为，但因自性是存在的，倘若果不存在，那么因之法相也不成立，所以果也是存在的。

驳：假设不是能生同时又是因，那不合理，下面说明：

因不生果者，则无有因相。

若认为：虽然无有因的本性，但果是存在的，无因有果也不合理，所以果存在，因也存在。

驳：不能生果，就是说不具备因的本性。

若无有因相，谁能有是果？

为此，果也不存在。

对方又说：既然因不是作生果所作加行，那是什么？是因缘聚合生果。

驳：那不合理，关于其过失已经讲述过。

此外，假设认为因缘和合能生果，那么是自性能生自性还是非自性生自性？假设自性能生自性，那不可能，自性不可得，也不见它能造作，所以无疑需要聚合得到自性。即使自法得到，但产生自己也不合理，所以聚合不生自本性。不生自己如何能生果呢？下面说明：

若从众因缘，而有和合法，

和合自不生，云何能生果？

众因缘聚合不能产生自己，因为对自己造作相违，并且产生自己无义，不生自己如何能生果呢？如石女儿不能生自己，说她能生子不合理。如此聚合尚且不能产生自本性，生果显然不合理，所以因缘聚合所造出的果不存在。

再有，假设认为：聚合造作的果不存在，那么非聚合造作的果存在吧。

答：

是故果不从，缘合不合生。

和合造作的果不存在，非和合造作的果就更相违，又怎能存在？非和合造作的果也不存在。

再者，如若认为：果虽然不存在，但因缘和合是存在的，无有果也不可能有因缘和合，因此果也存在。

驳：假设果存在，那么因缘和合也就存在。可是以上述的理证说明果并不存在：

若无有果者，何处有合法？

如若果不存在，那么由于无有理由故因缘和合也不存在。《方广庄严经》中云："依唇喉结腭，舌转出字音，非喉结非腭，一一不得字。依彼和合语，由心意所起，意语不现色，内外皆不得。智者尽思择，语音妙生灭，见语如回响，刹那无实质。"《优波离请问经》中也云："世尊，极喜此法中，舍俗而出家，具果堪为最，悲尊如此言：'舍家而出家，获得一切果，若量法自性，无果无得果。'然得果当得，奇哉大悲尊，佛说殊妙理，彼生大稀奇。"《般若经》中也说："瞿昙菩萨大菩萨披大铠甲，不住于色，不住于受，不住于想，不住于行，不住于识。不住于预流果，不住于亦来果，不住于不来果，不住于阿罗汉果，不住于独觉，不住于真实圆满正等觉。"

月称论师亲造之《显句论》· 第二十观聚合品释终

第二十一　观成坏品

他宗说：时间是有自性的，因为它是形成、坏灭之因。苗芽等观待某个时间而形成、产生，观待某个时间差别而毁坏、灭亡，可是因缘和合也并非时时存在。所以，时间是存在的，因为它是生灭之因。

驳：假设成、坏本身存在，那么时间就成了成、坏的因，可是成、坏并不存在。下面说明如何不存在：

离成及共成，是中无有坏，

离坏及共坏，是中亦无成。

假设成、坏存在，那么是不共存还是共存？如果加以分析，则两种情况都不存在。怎样不存在呢？已经坏灭如何形成呢？没有产生就不存在坏灭，下面说明：

若离于成者，云何而有坏？

如离生有死，是事则不然。

没有形成，如何有坏灭呢？“云何”是说根本不可能。“云何而有坏？”就是指坏灭并不存在。

若问：假设无有形成而有坏灭，那有什么过失呢？

答："如离生有死"，无生有死也是见所未见的。所以，无成有坏不合理。应当了知，这里的前半偈是立宗，中间一句是建立过失，最后一句是总结。

如是宣说完无成有坏不合理之后，接下来说明坏与成共存如何不存在：

成坏共有者，云何有成坏？
如世间生死，一时则不然。

假设坏灭与形成共存，那就是一时间同俱，如此一来，就成了生死同时，而互绝相违的这两者如同光明与黑暗般不会同时存在。所以，成、坏并存也不成立。

下面说明：就如同无成有坏或成坏并存均不成立一样，无坏有成或者成坏并存也不成立。

若离于坏者，云何当有成？
无常未曾有，不在诸法时。

无有坏灭而有形成不合理，因为有实法形成的有法是产生的有法，无常无时无刻不存在，那是什么？就是说无常在一切时分都存在着，如云："诸法于诸时，若是老死法，则无老死者，住法是为何？"如此一切有实法恒常相伴着无常，又怎会有离开坏灭的阶段？所以，无有坏灭不可能有形成，只要形成就不会不坏灭。关于这些的其余分析，在《观有为品》中已经分析过，因此不再阐述。

他宗说：坏灭是有因的，因为是有为法的法相，如同生。宣说完理由之后，又说：以最末尾的心与心所之法而不一定。

驳：这种观点不合理，因为以对方承许“它的坏灭也具有生的缘而有因，及等同所立”，因此无有不定的过失。

还有人说：有实法自本性是由无生中产生，因此一切实有的法成立产生名言中也无有比喻。

驳：这种说法也不合理，因为承许影像等无实体的法具有因。龙树菩萨亲言：“何法由因生，彼无故无有，彼等同影像，明了何不许？”所以，在名言中怎会不成立比喻呢？

假设对方说：任何法不能说自性他性，它在世俗中也不存在。

驳：那就应该说“蓝色等也不存在”。如云：“色法唯名故，虚空亦唯名，无生岂有色？是故亦唯名。”

此外，不管是任何阶段产生，对中观宗来说怎会有法的自本性存在呢？因此说比喻不成立不合理。

有者声称：坏灭不具有因，因不具坏灭的缘故如同无为法。如此之说会以此推理招致大相违。如同凭借此推理能证成坏灭无因一样，也能建立不是有为法之法相。同样，行蕴所摄、缘起支所摄等一切也同样相违，因此这种观点不合理。

识并非能肯定对境自本体，由于无有识故如同无为法。以这些能遮破一切，因此会有极大过失（即谁也不会承许）。所以切莫受持。

现在说明成与坏并存不成立：

成坏共存者，云何有成坏，

如世间生死，一时则不然。

假设形成与坏灭并存，那么生死就成了同时，这也是不可能的。所以，成与坏并存不成立。

如果认为：虽然生死并存的本体或异体不成立，但成坏是存在的，因为是所诠，如同心识。

驳：假设承许以所诠能证成它们存在，那么也该承认石女儿存在。

此外：

成坏共无成，离亦无有成，

是二俱不可，云何当有成？

依靠什么能证明成坏，除了并存不并存以外没有其他情况。如果认为成立不可言说，那么所谓的不可言说是什么？假设是共同的，那不合理，因为各自不成立，就不存在共同。

如果说：不可言说就是无可认定的自性。

驳：由于是无可认定的自本体，所以就如同石女儿的蓝色与白色等一样，成、坏并不存在。由于成坏不存在，则成立它们的因时间也不存在。

此外，如果认为这里有成坏，那么是有实法灭尽的有法还是不灭尽的有法有成坏？两种情况均不合理，下面说明：

尽则无有成，不尽亦无成，

尽则无有坏，不尽亦无坏。

灭尽——有实法灭尽的有法中存在相违的法——形成不合理。因为不具备有实法的法相，所以不灭的法中有形成也不合理，如同驴角。同样，灭尽的法无有坏灭，因为灭尽的有法就是不存在的法，由于它无有所依故坏灭不合理。同样，不灭尽的法也无有坏灭，因为没有灭尽的有法之有实法与有实法的法相不符，不存在的它又岂有坏灭？成坏，在灭尽的法与未灭尽的有法中都不可能有，它们并不存在，所以成坏不存在。

对方又说：诸法的成坏是存在的，因为它们的所依有实法存在。成坏依于有实法，所以它们也存在。由于有实法存在，依于它的法也就存在。

驳：假设有实法存在，那么依于有实法的法——成、坏这两者就存在，可是有实法并不存在：

若当离于法，则无有成坏。

为什么有实法不存在呢？

若离于成坏，是亦无有法。

如果形成与坏灭具足有实法的法相，那么它们已经被遮破了，既然已经遮破，有实法的法相生灭不存在，与有实法法相不同的法又怎会存在？如果无有有实法，那么也就无有成坏。

对方又说：成坏是存在的，因为有实法存在，不存在的法就是无实法，如龟毛。成坏二者也是有实法，所以它们存在。

驳：假设胜义中成坏存在，那么说它是有实法就合理，可是它们并不存在。所以说“若离于成坏，是亦无有法”，因为有实法是以成坏存在而存在，如果它不存在，就是因不成的意义。同样，“若当离于法，则无有成坏”，因为无有所依，能依就不成立。这是将前一半颂词换成后一半颂词来讲的。

另外，如果认为有成坏，那么是空法还是不空法有成坏？两种情况均不合理，下面说明：

若法性空者，谁当有成坏？

无有所依的缘故如空中的图画。

若性不空者，亦无有成坏。

不空的法就是有的自性，由于无有所依，成坏不合理。

此外，如果成坏存在，那么它们是以一性还是他性存在？两种情况均不合理，下面说明：

成坏若一者，是事则不然，

成坏若异者，是事亦不然。

由于如同光明与黑暗般互绝相违，故成与坏一体不合理。由于二者互不错乱，故离开形成有坏灭不合理，离开坏灭有形成不曾见过，因为二者互不错乱，故成坏是他体也不合理。

如果认为：这般详细观察有何用呢？包括牧童婢女在内人人都见到有成坏，因此成坏是存在的，不存在的石女儿是不能被见到有成坏的。

若谓以现见，而有生灭者，

则为是痴妄，而见有生灭。

驳：这是不一定的，因为世间人见到存在某某法并非真实，包括牧童、婢女在内都见到，也并非存在，就像见到寻香城、梦幻、旋火轮、阳焰水等，以及根有损者见到毛发飘浮、长喙蜂蝇一样，同理，成坏也是明明无有，但世人由无明愚痴的眼翳遮蔽慧眼导致见为有。

若问：成坏不存在的自本体，仅是以愚痴见到，这是依靠什么确定的呢？

答：这是以理证确定的。理证是什么？假设有个所谓的有实法，那么它决定是从有实法中产生还是无实法中产生？同样，假设有个所谓的无实法，那么它是从有实法中产生还是无实法中产生？两方面两种情况都不存在，下面说明：

从法不生法，亦不生非法，

从非法不生，法及于非法。

有实法真实产生，不会由有实法中真实产生，因为因果二者不会有同时的情况，已经产生的法再生无义，有实法也不从无实法中产生。为什么呢？

所谓无实法，就是已坏灭、已灭亡的法，它也是与实有法相违的，与有实法相违的缘故，它如何能生有实法呢？假设它能生有实法，那石女的女儿也能生子了。所以，有实法也不是从无实法中产生。

现在说明无实法也不是从无实法中产生：无实法是具有与有实法相反的自性，所以它怎能生果呢？假设它能生果，那涅槃也具有生果的威力了。假设从无实法中产生无实法，那么石女的女儿也能生石女的儿子了，但事实也并非如此。所以，无实法也不是从无实法中产生。

现在说明无实法也不是由有实法中产生：既然无实法与有实法相违，那它如何从有实法中产生呢？假设它能从有实法中产生，那么灯光也能产生黑暗了。

经过这般分析，便可了知成坏并不存在，是由愚痴导致见到的。与前面不同的另一种解释法：假设成坏存在，那么它们是依靠有实法还是依靠无实法？如果分析有实法与无实法二者，则都不存在。由于无有所依，又怎会有成坏呢？由此可知“则为是痴妄，而见有生灭”。

下面说明有实法与无实法二者如何不存在：

“从法不生法，亦不生非法，从非法不生，法及于非法。”此义如前。另外，假设有个所谓的有实法，那么由于它具有生灭，所以就有成有坏了，而有实法少许也不存在，如同驴角般自性无生。

如果说：无生本身并不成立。

驳：并非不成立。

法不从自生，亦不从他生，

不从自他生，云何而有生？

这一道理在第一品中已经阐释，所以不再解说。以所说的道理证明生不存在，所以如何产生呢？意思就是无论如何也不生。

应当无疑承许有实法在一切情况下都不存在这一点，否则，有以下过失：

若有所受法，则堕于断常，

当知所受法，若常若无常。

如果违越了以上所说有实法的安立，那就是承许有实见解，那无疑与经典极其相违，成为常见断见。为什么呢？因为，如果认为有实法存在，那么它是一个常法还是一个无常法？假设是常有，则必定成了常派，如果是无常，那就成了断派。

他宗说：

所有受法者，不堕于断常。

为什么呢？

因果相续故，不断亦不常。

凡是因果的生灭相续，就像我们的世间转世一样，是轮回。假设因灭，具其因的果就不生，那就成了断灭。假设因不灭自本体存在，那也应成常有，但事实并非如此。所以，虽然已经承许有实法，但不会有常见断见的过失，诸行成坏相续因果不断次第产生，就是轮回，所以我们无有过失。

驳：

若因果生灭，相续而不断，

灭更不生故，因即为断灭。

难道不是吗？因的刹那对于所生果提供因以后就灭了，因的刹那具有坏灭不再产生，因此成了断见。

若问：对你们来说为何没有这种过失呢？

答：承许有实法才会有这种过失，而我们不承许有实法，因为诸法无生。在讲“依于何法生，彼者非自性，亦非他性故，不断亦不常”也说明我们以此理指示诸法无自性，否则，如果有实法自本体存在，那么种子、苗芽为何不成他性？所以这种过失对我们没有妨害。如果承认有实法存在，那么由于因也不再生故应成断见。

现在说明常见的过失：

法住于自性，不应有有无。

假设因以自性存在，那么它后来不会变成无有，因为自性无有逆转，故就成了常见。

此外：

涅槃灭相续，则堕于断灭。

假设因与果运转于成坏的相续中，虽然能断除常断见的过失，但相续也成了不生，涅槃必定成了断灭的见解。世尊也说断见当断。

如果对方说：这种情况不成为断见。

驳：为什么对你们来说是断见呢？因为涅槃时如同有实法断灭可得一样，意思就是由于有实法断灭可得。“若因果生灭，相续而不断”的说法也不合理，如何不合理呢？这里，后世具有还灭的法相，前世具有众生结生的法相，后世灭尽，住于因中，具有生之法相的前世住于果的本体，两世取名为轮回。对此当作分析：以因果相续成轮回，前世住于果的体性，是在后世已灭、未灭还是正灭时产生？若加以分析，一切情况都不存在，下面说明：

若初有灭者，则无有后有；

初有若不灭，亦无有后有。[1]

假设认为后世已灭，前世（初有）产生，那就成了无因，如此一来，焚烧了的种子中也成了能生苗芽，那也是不承许的。所以说“若后有灭者，则无有初有”。

现在说明后世未灭，也不该有前世，假设有，就成了无因，并且一个众生有两个本体，前所未有的众生也会产生，前面恒常、种子未灭苗芽得生。可是那些并非事实。所以，后世没泯灭时，前世不合理。

现在说明后世正灭时前世如何不合理？

若后有灭时，而初有得生，

1　这一颂用的是鸠摩罗什的译文，在《显句论》中是“若后有灭者，则无有初有，后有若不灭，亦无有初有”。

灭时是一有，生时是一有。

正灭时就是现在，因为有现在时态的表达。所谓“得生”，也是说现在，因为是用现在词所说。或者，灭时是指灭之所作的作者，得生，也是生之所作的作者。如果承许它们是同时，那就成了并存。所以，灭时成一世，生时又成另外的一世，这样就成了两世同时存在，可是一法也不会同时存在二法，因此这种观点不合理。

依靠所说的分析可知：

若言于生灭，一时则非理，

岂可此阴死，即于此阴生？

依靠所说的道理，如果后世泯灭，则前世不生，后世不灭，则前世也不生，与后世同时并存前世也不生，“则于此阴死，即于此阴生”。就是指，蕴安住又死亡，说它们产生，这显然极其相违，因为不会见到正死时有产生。所以：

三世中求有，相续不可得。

因为后世已灭、未灭及正灭都不存在前世，所以三时中均不存在生世的相续。

若三世中无，何有有相续？

如果三时中不存在生世的相续，那么它岂能依靠他性存在？因此，一切情况下均不存在生世的相续，“若因果生灭，相续而不断”不合理。可见，如果承许有实法存在，那么就难以遣除常见及断见的过失。所以，诸法无生是成立的。世尊也说：“三有如梦无实质，速灭无常如幻术，无来亦无由此去，相续常空无相状。”又言：“虽成生与死，实无生无死，何者了知此，不难得此定。”又云：“知此无边法，诸人常安乐，不计法非法，是心戏论分。无量皆非生，慧破实无实，凡愚随心转，百俱胝世苦。”

月称论师亲造之《显句论》·第二十一观成坏品释终

第二十二　观如来品

他宗说：生世的相续是存在的，因为如来存在。世尊在三大阿僧祇劫或七大阿僧祇劫中不断精进，积累资粮达到究竟，具有利益众生的唯一所为法相，以种种行相以爱众生胜过爱独子无余摄受的大悲心牵引，他也是在诞生之处，与其他众生一样共同享用地水火风药树，经过长久时间证得遍知果位。获得遍知之智，出有坏佛陀无余了悟诸法真如实相，为此称为如来。假设生世的相续不存在，那么如来也不存在，他不是一生证得如来果。所以生世的相续存在，因为如来存在。

驳：对于无知极其严重顽固者的种种想法，虽然这般遮破，可是由于十分长久串习所致仍旧不能遣除、毁坏，你们因为极度无知才理解成生世的相续不断流转，极其漫长。假设所谓的如来自性存在，那么以长期现前成就的缘故生世的相续就存在，可是所谓的如来少许也得不到有实法的自性，只是你们的无明大眼翳丧失慧眼，如同见二月等一样颠倒执著所谓的如来完全可得罢了。既然如来自性不存在，生世的相续又怎会存在？

下面说明为何如来自性不存在：

非阴非离阴，此彼不相在，

如来不有阴，何处有如来？

假设有个实法的“如来”，那么他是蕴的自性——色受想行识五蕴的自性还是戒定慧、解脱、解脱智见五蕴的自性，或者是二者以外的自性？前面的五蕴，是施设众生的因，是这里所要分析的，而后面的五蕴并不是，因为这些不是能遍并归集在前者范围内。假设如来与五蕴他体，那么如来是有五蕴还是五蕴有如来？或者像天赐有财物一样如来具有蕴？若加以分析，则一切情况下均不存在。

如何不存在呢？

蕴不是如来，为什么呢？“若燃是可燃，作作者则一”，在此也可类推成“若蕴是如来，作者业成一”。“设若蕴是我，则成有生灭”，这里也可类推成“若蕴是如来，则成有生灭”。由此可见蕴不是如来。

现在说明如来也不是蕴以外的他法。为什么呢？如同“若燃异可燃，离可燃有燃”及“不观待他故，能燃因不生，发则成无义，如是业亦无”，此处也可类推成“若蕴异如来，离蕴有如来”“不观待他故，近取因不生，发则成无义，如此业亦无”。同样，也可类推“若异于诸蕴，无有蕴法相”。蕴等与如来不是他体的缘故，如来中有蕴不合理，蕴中有如来也不合理。关于两方面的道理，《入中论》中云：“于诸蕴中无有我，我中亦非有诸蕴，若有异性乃有此，无异故此唯分别。”如来也不是具有蕴，《入中论》中也已讲过：“我非有色由我无，是故全无具有义，异如有牛一有色，我色俱无一异性。”应当了知，虽然实际这五个方面都可包括在自性他性里，但观待坏聚见的流转，龙树菩萨宣说了五个方面。如果这般以五相分析如来与蕴的关系，则均不并存，如何有本性呢？所以照见了如来在一切情况下均不存在，龙树菩萨才说：“何处有如来？”那就是指丝毫也不存在。由于如来不存在，因此也就成立生世的相续不存在。

对此，有些人说：因为会有所说的过失，所以也不能说蕴是如来，也不是与蕴异体，也不能说如同雪山上有森林一样如来有蕴，也不是像森林里有狮子一样诸蕴有如来，也不能说像转轮王具相一样如来具蕴，因为这些都是承许一体他体。那是什么呢？

不可说安立如来与蕴一性或他性，所以此理对我们来说不会有妨害。于此解说：

阴合有如来，则无有自性，

若无有自性，云何因他有？

假设不可说佛陀出有坏与蕴一性或他性，是依靠蕴安立的。那么就如同依于蕴而假立的影像一般无有自性，无有自本体，既然自性中无有，那又怎么会依靠蕴——从他法中有呢？不存在的自本体石女儿观待他法存在不合理。

如果认为：虽然如同影像不是以自性而存在，但观待面容与明镜等他法而存在。同样，如来虽然不是以自性而存在，但依靠他法的蕴而存在。

驳：这样一来，就会成为，

法若因他生，是即非我有，

若法非我者，云何是如来？

假设承许如影像一样依靠他法而有如来，那么如来就如影像一样不该说有本性，说自性不合理，因为本性的这一词是自性的别名。如影像般无有本性无有自性，如何有如来呢？如何说由无倒之道而来呢？

此外，假设这是指如来有自性，那么观待他的自性蕴的自性就成了另外的有实法，依靠他法而成了如来。既然如来无有自性，那么诸蕴怎会成为他性呢？下面说明：

若无有自性，云何有他性？

离自性他性，何名为如来？

只要无有自性，就没有他性，如果是法，要么是自性，要么是他性，所谓的如来，怎么会有除这两种安立以外的他法呢？所以，如来自性不存在。

此外：

若不因五阴，先有如来者，

以今受阴故，则说为如来。

假设认为：不可说如来与蕴是自性与他性，是依靠五蕴才安立的。

驳：那么在没有依靠、没有受取诸蕴之前就有个所谓的如来，依于蕴才合理，就像与财物他体的天赐先成立才能取受财物。可是假设不依蕴就有个如来，那么他现在才依于蕴，依靠蕴而成立。可是，不依靠蕴的如来并不存在，否则一切情况下分析就成了无因：

今实不受阴，更无如来法，

若以不受无，今当云何受？

意思就是，不存在的缘故，如此何时少许也不取受蕴，那时依于蕴而有如来的说法显然不合理。如来在近取蕴之前不存在，少许也不取受，谁也没有取受，那么他的近取也就不成为近取，下面说明：

若其未有受，所受不名受。

无有无受法，而名为如来。

如此谁也没有取受的缘故近取就不成近取。由于没有近取，所以近取者也就毫不存在，因此说“无有无受法，而名为如来”。

若于一异中，如来不可得，

五种求亦无，云何受中有？

经过分析探寻如来，则与诸蕴一体中无有，与诸蕴他体中也无有。由于不存在一性与他性，通过所依能依、彼此具有五方面寻觅都无有，根本不存在的如来如何能以近取来安立呢？为此，如来自性不存在。

这种分析不仅只是对如来，而且：

又所受五阴，不从自性有。

色、受、想、行、识近取五蕴也不是自性存在，因为是缘起，并且在《观五阴品》中已详细遮破。

如果认为：虽然不是由近取的自性中存在，但是由因缘本性他法中存在。

驳：那也不合理。下面说明：

若无自性者，云何有他性？

石女儿自性不存在，他就不能由他法来安立。所以，近取也不存在。另一种情况，近取，它无有自性，因为观待近取者。由于不观待近取者就无有近取，所以自本体成立的近取并不存在。

如果说：假设近取不观待近取者的自性成立不存在，那么就成了观待近取者。

驳：即便这样，可是“若无自性者，云何有他性？”近取于自法中不成立、不存在的自性，如何能由近取者他法而存在呢？所以，近取也不存在。

现在说明如何建立的意义：

以如是义故，受空受者空。

在一切情况下分析，近取是空性、无自性，近取者也是空性、无自性。

现在说明如何以近取五蕴安立如来？

云何当以空，而说空如来？

以不存在的近取来安立不存在的如来那是不可能的。所以，依于蕴安立如来的说法不合理。

他宗说：呜呼，我们已绝望！本来我们是米食斋、足目派、裸体派、胜者派等，被自己的妄念假立的恶见千丝万缕之网所捆缚，由走向涅槃城的正道中退失，不能逾越轮回旷野极难行走的道，对指示善趣与清净解脱道心不欢喜。然而，依靠如来的杲日无余遣除外道宗教的黑暗，他指明随同善趣与清净解脱的正道，宣说妙法的璀璨光芒无余普照诸方，使种种所化众生智慧的莲花绽放，佛陀成为如实宣说诸法之真如义法器的唯一无垢明目，作为所有众生的无等依处，具足十力、四无畏、佛陀不共法无垢圆满功德。如果皈依他就有希望解脱。可是现在你们拿“以如是义故，受空受者空。云何当以空，而说空如来？”等来说明如来自性不存在，就是断了我们解脱的希望。为此，与根除如来大妙药树的你们进行辩论。

答复：对于你们这样的众生，我们才绝望。尽管希求解脱的你们舍弃了其他外道教义而皈依无误导师出有坏如来，却无法堪忍与外道诸说不共的殊胜甚深无我狮吼声，以至于以自我增胜信解而贫乏，被种种恶见毒蛇所缠缚，随行颠倒之人，由此相应前往无尽的轮回旷野。如来并不说我与蕴何时都存在。如云：“具寿须菩提，佛陀亦如梦如幻。具寿须弥提，佛陀之一切法亦如梦如幻。”我们怎么会有别人所指责的过失呢？我们不是说始终如来都无戏论。

此外，宣说如来无自性，承许为无颠倒之义：

空则不可说，非空不可说，

共不共叵说，但以假名说。

这一切虽然都不可言说，但如果不予以宣说，那诸位证悟者就不能证悟如实存在的自性，所以我们站在名言谛而于名言义，在所化众生前特别增益也说空与不空，既空也不空，既非空也非不空。为此说“但以假名说”。应当了知，世尊以某种密意宣说空性等，那是以假立我来说的。如经中云：

“汝此去如幻，如戏亦如梦，无我众生命，了知一切法，如阳焰水月，空寂无生理，不知众漂泊。悲尊以方便，百理令趋入……”这一切都是说如来无戏论。不仅如来不具有空性等四边，而且：

寂灭相中无，常无常等四，

寂灭相中无，边无边等四。

世尊宣说了十四无记法，即世间常有、世间无常、世间亦常亦无常、世间非常非无常，这是第一类四法。世间有边、世间无边、世间亦有边亦无边、世间非有边非无边，是第二类四法。如来灭度后有、如来灭度后无、如来灭度后亦有亦无、如来灭度后非有非无，这是第三类四法。身是命、命是身（即命与身是一体），命是他法身亦是他法（即命与身互为他体），这十四法，世尊没有表示，为此称为无记法。以所说的道理，证明如来自性寂灭，体性空性，无有空不空等四边，同样也不具有常无常等四边。由于不具故如同石女儿的蓝色与白色一样，世尊没有授记世间四边。如同如来不具有这四种一样，如来也不具有有边、无边等。

现在说明如来灭度后有等四种分别也不存在：

邪见深厚者，则说无如来，

如来寂灭相，分别有亦非。

耽著严重者，以强大的执著生起如来存在的分别念，并对如来涅槃，进行分别：如来灭度以后不会不存在，如来不可能相续中断，如此分别作为见解。

自性空的缘故，何时也没有如来：

如是性空中，思维亦不可，

如来灭度后，分别于有无。

如同妄加思维虚空中有图画一样，意思就是说这种分别法并不存在。为此，如来自性寂灭，无有自性，超离一切戏论，智慧浅薄者才分别常无常、有无、空不空、遍知非遍知等。

如来过戏论，而人生戏论，

戏论破慧眼，是皆不见佛。

戏论是有实法的果，如来无有有实法，怎么会入于戏论呢？因此，如来超离戏论。是无生的自性，自性不成他法的缘故无有灭尽。邪分别者，以自我假立的垢染使心有垢，以种种非真实的妄念差别而对如来佛陀出有坏这般进行戏论，他们以自己的戏论毁坏，不会见到功德圆满的如来。所以，如尸体般的他们见不到此论中所讲的如来，如盲人不见日。因此，世尊说："若以色见我，以音声求我，是人行邪道，不见诸如来。诸佛见法性，导师是法身，法性非所知，彼者非能知。"为此，安立如来是众生世间所假立的。

如同有情世界无自性一样，类推器世界也无自性：

如来所有性，即是世间性。

如来无有性，世间亦无性。

关于众生如何无有自性，在《观因缘品》等中已宣说。经中云：“常无生法即如来，一切法皆同如来，凡愚心者执著相，行持世间无有法。如来无有漏，是如善法影，此无如来者，世间见影像。”《般若经》中也说：“尔后彼等天子问具寿尊者须菩提：‘圣者须菩提，彼等有情如幻抑或非幻？’具寿须菩提告彼等天子言：‘天子，有情如幻。天子，有情如梦，天子，如是虚幻与有情彼等无二，不二。如是梦与有情彼等无二，不二。天子，一切法皆如幻如梦。预流向亦如幻如梦，预流果亦如幻如梦，如是一来向、一来果、不来向、不来果、阿罗汉向皆如幻如梦。阿罗汉果亦如幻如梦。辟支佛如幻如梦，辟支佛本身亦如幻如梦。真实圆满正等觉如幻如梦，真实圆满正等觉本身亦如幻如梦。’尔后彼等天子问具寿长者须菩提：‘圣者须菩提，真实圆满正等觉亦如幻如梦否？真实圆满正等本身觉亦如幻如梦否？’须菩提答言：‘天子，涅槃尚且亦如幻如梦，何况余法？’天子问：‘圣者须菩提，涅槃亦如幻如梦否？’须菩提答言：‘天子，设若有超胜涅槃之一余法，彼亦如幻如梦。如是梦与涅槃此等无二，不二。’”

月称论师亲造之《显句论》·第二十二观如来品释终

第二十三　观颠倒品

他宗说：生世（有）的相续是存在的，因为它的因存在，由所有烦恼中产生业，具有业与烦恼之因生死才接连辗转，也能产生寂灭，它也被认为是生世的因，称为相续，其主因是烦恼，因为断除了烦恼它就不存在。贪等烦恼是存在的，所以作为果的生世相续也就存在。

驳：假设它的因——烦恼存在，那么生世的相续也就存在，可是烦恼并不存在，如何不存在呢？对此诸佛出有坏说过：

从忆想分别，生于贪恚痴，

皆依净不净，颠倒众缘生。

忆想分别就是分别妄念。由忆想分别中产生，所以是“从忆想分别，生于”。因为有“贪欲妙根本，了知分别生”偈颂，所以说“从忆想分别，生于贪恚痴”。认定唯有这些，其余烦恼都是这些的果，所以它们是主要的。这三种烦恼，“皆依净不净，颠倒众缘生”，依于可爱的行相而生贪心，依于可恶的对境而生嗔心，依于颠倒而生痴心。忆想分别也能生起这三种烦恼，它是共同因。

若问：痴心如何由忆想分别中产生呢？

答：世尊在讲缘起中说：“诸比丘，无明有因有基有缘。诸比丘，无明之因为何？非理作意，如是有污浊作意由痴心中生。”所以，贪嗔痴等烦恼是由无明与忆想分别中产生。为此：

若因净不净，颠倒生三毒，

三毒即无性，故烦恼无实。

假设贪等烦恼自性成立，那么由于自性不是虚伪、不观待他法，故它们就不是依于净不净颠倒而生。由于它们是依于净不净颠倒而生，所以它们无有自性，非真实存在，也就是指胜义中无自性的意思。

此外：

我法有与无，是事终不成，

无我诸烦恼，有无亦不成。

关于我的有性与无性如何不存在，前面已经详细解说过。所以，依于它之法的有性与无性又怎会存在呢？假设我的有与无不存在，那么它所生的一切法的有无就不存在。

有人想：那么，一切烦恼中产生什么呢？

谁有此烦恼，是即为不成，

若离是而有，烦恼则无属。

这些烦恼就像墙上的图画或果实成熟一样，所生观待所依。因此，这些烦恼从属于谁？不会没有所依。如果观察所依，那么是我还是心？关于它们的所依前面已经遮破，因此所依不存在，既然所依毫不存在，那么是谁的烦恼？因为无有所依故也就不是它的所属。因此“所依始终无，烦恼则非有”。可是谁也不承认烦恼的所依先成立。安立所依的我始终都不存在，由于无因故如同空中的芒果树。

对方声称：依于有烦恼的心而产生烦恼，心也与烦恼俱生。

驳：这也不合理，下面说明：

如身见五种，求之不可得，

烦恼于垢心，五求亦不得。

所谓自身，是色等法相的聚合。视自己的身体，是自身见，执著我与我所。以“非阴非离阴，此彼不相在，如来不有阴”进行五相分析，则自身不存在。同样，如果也以五相来分析烦恼，则烦恼者中不具有烦恼。能烦恼是烦恼，所烦恼是烦恼者，“烦恼者是烦恼”的说法不合理，否则燃者与所燃应成一体。说“烦恼者是他法、烦恼也是他法（即烦恼与烦恼者互为他体）”也不合理，因为他法无有观待故应成烦恼不是由烦恼者之因中产生。由于自性、他性不存在，故所依能依、相互具有的一切情况均不存在，所以烦恼中无有烦恼者，烦恼者中无有烦恼，烦恼者也不具有烦恼。如此以五相分析，则烦恼不在烦恼者中。同样烦恼者与烦恼不是一体，否则作者与作业就成了一体。烦恼与烦恼者也不是各自的他体，否则应成无观待。烦恼者中无有烦恼，烦恼中无有烦恼者，烦恼也不具烦恼者。如此一来，如同观自身一样，烦恼者在五种情况下都无有烦恼，所以烦恼与烦恼者相互观待而成也不存在。

他宗说：虽然你们已经破了烦恼，但烦恼的因净不净颠倒是存在的，由于它们存在，所以烦恼也存在。

驳：假设净、不净、颠倒存在，那么烦恼就存在，可是净、不净、颠倒自性并不存在，因为是缘起，不成断灭，故自性不存在。那么：

净不净颠倒，是则无自性，

云何因此三，而生诸烦恼。

烦恼的因——净、不净与颠倒——不存在，所以烦恼不存在。

他宗又说，烦恼是存在的，因为它们的所缘存在，一无所有的法不会有所缘，如同石女儿。色、声、香、味、触、法六种所缘是存在的，由于所缘存在，所以烦恼存在。

色声香味触，及法为六种，

如是之六种，是三毒根本。

你们认为这些是存在的，彼彼所生的缘故贪等安住于此，是基，也就是所缘，所缘也就成了色、声、香、味、触、法六种，能肯定六根相互各异，并且可确定抉择“此是此，彼是彼”，有质碍故为色；以此能传出、展示故为声；所嗅所闻故为香，因为已去某处而不往他处；所品尝故为味；所接触故为触；因为持受自己的法相或者受持法之最涅槃故为法。这六种是根本。

若问：是谁的根本呢？

答：是贪嗔痴的根本。欢喜某法故为贪，爱恋与过分耽著。或者，依此令心欢喜故为贪心。厌恶故为嗔心，是逼迫心。或者，依此令心厌恶，故为嗔心。愚昧故为痴心，即是愚痴。或者，依此令心昏昧，故为痴心。所以色等六种是这些烦恼的根源，是所缘。

对色等增益为清净的行相，从而生起贪心。增益为不净的行相而嗔恨。增益为常、我颠倒而生起痴心。

虽然的确将这些假立为根源，但就像有眼翳者前不存在的毛发等一样，它们本是无有的自性，是你们遍计为贪心等的所缘，下面说明：

色声香味触，及法体六种，

皆空如焰梦，如乾闼婆城。

这一切只是假立而已，是无有自性的意义。

若问：假设无有自性，那么如何是所缘？

答：它们就像寻香城等一样，完全是以颠倒缘取罢了。

犹如幻化人，亦如镜中像，

如是六种中，何有净不净？

由颠倒所依中产生净不净之相也是虚妄的。如云："我执所生蕴，执我实虚妄，种子即虚妄，所生岂真实？"所依是颠倒的，所以净不净相完全是虚妄，而且依此理由也说明这两者是虚妄：

不因于不净，则亦无有净，

因不净有净，是故无有净。

假设有个所谓的净，那么就有观待与净相关的他法，为此决定像长短或彼岸此岸一样观待不净，依靠不净、观待不净而安立所谓的净，所观待的不净，也并非无有净而存在，不观待净就无有不净，也就是“不因于净相，则无有不净”的意思。如此一来，安立净，由于所要观待的不净有实法相属的他法并不存在，因此净不合理，如同无有短就无有长或无有彼岸就无有此岸一样并不存在。

不因于净相，则无有不净，

因净有不净，是故无不净。

假设有个所谓的不净，那么不净的有实法要观待与之相关的他法，就决定成了像长短、彼岸此岸一样观待净。依于净、观待净而安立不净。所安立所观待的净也并非在不净不存在的情况下存在，不观待不净不存在净，就是“不因于不净，则亦无有净”的意思。安立不净要观待所谓的净，由于与之相关的其他有实法并不存在，所以说“是故无不净”。

如是净与不净均不存在，因此：

若无有净者，由何而有贪？

若无有不净，由何而有恚？

如果净与不净相不存在，那么由于无因故净不净相的果——贪嗔也不存在。

为此，宣说完净与不净相不存在而无有贪嗔之后，现在说明无有颠倒也无有痴心：

于无常著常，是则名颠倒，

空中无无常，何处有常倒？

在此说颠倒有四种，对如是五蕴每一刹那坏灭无常，执为常有，是颠倒。如云："无常定有损，有损则非乐，故说凡无常，一切皆是苦。"凡是无常皆是苦，诸行皆是无常，所以五蕴具痛苦的本性，对此颠倒执为安乐，是另一种颠倒。如云："精血混合中，不净种子生，本知不净体，欲者何贪此？"本来这个身体恒常是不清净的，由愚昧而执为清净是颠倒。同样，五蕴与我的法相不同是无常，所以是生灭之有法，本是无我，我自性空，对此执为常有，是对无我贪执为我的颠倒。这四种颠倒是痴心的因。

现在要对此分析，假设对蕴恒常空性颠倒执为常有，安立为颠倒，那么蕴自性空不是也没有无常了吗？所以，空性中无有无常，执著如何颠倒呢？

观待不颠倒的无常，才安立颠倒的常。而空性无有无常，由于无有无常，又怎会有与之相违的颠倒常有？为此，颠倒不存在。如同无有自性、自性无生的空性不存在无常一样，也无有痛苦、不净、无我。自性空性，无有痛苦，那么对它们的违品——常乐我净又怎会视为颠倒？因此，颠倒自性不存在。颠倒不存在的缘故，怎么会有无明呢？因为无有因。如世尊说："无明缘生法，永时皆非有，无明世间无，故我说无明。"再者，文殊请问："世尊，愚痴如何是陀罗尼语？"世尊告言："文殊，愚痴即解脱，故名愚痴……"

此外，假设由于不是真实，将无常执为常安立为颠倒，那么有实法自性不存在，执为无常也不存在，为何这不安立为颠倒呢？下面说明：

若于无常中，著无常非倒，

空中无无常，何有非颠倒？

常与无常二者都是颠倒之时，如何成为非颠倒？并没有与它们不同他体的第三品物体，不颠倒不存在，那么无有观待如何成颠倒？因而以此理证也说明颠倒不存在。由于无有颠倒，因此无有无明。如无常执为常不成为颠倒一样，可类推余下的颠倒也不存在。因此，世尊在《圣胜坚心请问经》中云："世尊告言：'善男子，遍寻道之出离即如是，善男子，如来断一切贪法，不说断贪，如是已断一切嗔、痴，如来不说嗔痴。何以故？善男子，如来不说当舍或当得一切法故为法。不说当遍知、当遍断、当修、当现前、当现证、当从轮回出离，当立当分故为法。善男子，分二法非如来之法性。行二法彼等非入真实。善男子，何为二法？思我当断贪心，此乃二法。思我当断嗔，此乃二法。思我当断痴，此乃二法，如是类推彼等非入真实，当知彼等入颠倒。善男子，譬如，有人见幻师之画时，见幻师幻化之女人生贪心，以贪爱缠心，眷属畏惧羞愧，从座上起而离去，彼离去后作意彼女不净，作意无常、苦、空、无我。善男子，汝作何想？彼人入真实抑或入颠倒？'答言：'世尊，女人非有，作意不净，作意无常、苦、空、无我，彼人精进乃颠倒。'世尊告言：'善男子，于此当观有些比丘比丘尼、优婆塞、优婆夷，于无生不生之诸法作意不净，作意无常、苦、空、无我，彼等亦同彼。我不说彼等愚人是修道，说彼等入颠倒。善男子，譬如，有人睡梦中见王妃来至自宅与已同眠，失去忆念故思自醒觉，思维国王不觉察否？彼将来杀我，而畏惧逃跑。汝作何想？彼人畏惧逃跑，由王妃之畏惧中解脱否？’答言：‘世尊，彼非如是。何以故？世尊，彼人于无有女人生起女人想，彼非真实，是遍计故。’世尊告言：‘善男子，于此，当观有些比丘、比丘尼、优婆塞、优婆夷，于无贪生起贪想，而以贪畏惧，寻觅出离贪欲，如是于无嗔生起嗔想，以嗔畏惧，寻觅出离嗔心，于无痴生起痴想而以痴畏惧，寻觅出离痴心，皆与之相同。我不说彼等愚人是修道，谓彼等入颠倒。善男子，譬如，彼人于本无有而增益，于无畏生起畏惧想。善男子，异生凡夫不知贪边无有边，以贪有边畏惧，寻求出离贪边。不知嗔边无所有边，而以嗔恚边畏惧，寻求出离无所有边。不知愚痴空性边而以痴边畏惧，寻求出离空性边。我不说彼等愚人是修道，说彼等入颠倒。’”其中对颠倒进行了广说。

他宗说：假设执著所谓常有颠倒不存在，如此执著不存在。所谓执著就是执取，是有实法所作之自性。他证成常有等能作需要存在。不管我也好众生也好，作者也好，作者都需要存在，色等对境作业也需要存在，如果有实法所作、能作、作者、作业成立，那么一切都成立，所以我们的观点成立。

驳：你们的说法是虚妄的，以所说之理可证实：

可著著者著，及所用著法，

是皆寂灭相，云何而有著？

于此执著者成为常有等差别的能作，色声等有实法是为作业，能执著如何少许也不存在，前面已经讲述完毕。那是如何呢？常有等的作者如何不存在，“若于无常中，著常非颠倒……”已说明，执著者不存在，以“我之有无性，如何皆不成”说明。所取所作如何不存在，以“色声香味触，及法体六种”说明。作者、能作、作业不成立，无因的执著又岂能存在？所以说“可著著者著，及所用著法，是皆寂灭相”，自性无生的缘故一切均是涅槃的意思。正因为如此，“是故无执著”。一种情况，在《观因缘品》中宣说的能作、作法、作者与作业在一切情况下均无生的缘故，这一切均是寂灭相，所以说“是故无执著”。

他宗说：颠倒是存在的，因为具颠倒者存在。具有颠倒的天赐不存在，颠倒就不存在，不可能有颠倒者。所以，颠倒是存在的。

驳：能作、作者与作业不存在，所以执著在一切情况下均不存在，这一点我们已经解释完毕。为此：

若无有著法，言邪是颠倒，

言正不颠倒，谁有如是事？

少许也不执著为颠倒或真实，怎么会有所谓的“颠倒不颠倒”呢？所以颠倒不存在。

此外，如果承许这些颠倒，那么观察是已颠倒、未颠倒还是正颠倒？则一切情况均不合理，下面说明：

有倒不生倒，无倒不生倒，

倒者不生倒，不倒亦不倒。

已颠倒不可能颠倒，为什么呢？已颠倒就是已经成了颠倒，那么它还与颠倒相联有何用呢？因为无有必要。未颠倒也不应该颠倒，否则离开无知睡眠、具足慧眼的圆满佛陀也应成了颠倒者。

若于颠倒时，亦不生颠倒，

汝可自观察，谁生于颠倒？

同样，正颠倒也无有颠倒，因为正颠倒不存在，否则除了已颠倒与未颠倒以外所谓“正颠倒”的其余有实法就存在了。

如果说：正颠倒，一半是颠倒。

驳：所谓的一半颠倒如果是少许颠倒、少许不颠倒，那么少许颠倒就是已颠倒，那就不能以颠倒作为颠倒，因为已经颠倒，此中的少许未颠倒也不是以颠倒造成颠倒，因为未曾颠倒。所以，正颠倒也不可能颠倒。已颠倒与未颠倒、正颠倒都不可能存在。由于不可能有，因此对颠倒可能有的说法，作为正直者当以智慧观察。为此，无有所依也不会有颠倒。

此外：

诸颠倒不生，云何有此义？

无有颠倒故，何有颠倒者？

诸法不自生，亦不从他生，

不从自他生，何有颠倒者？

意思就是说，颠倒者怎会存在？可见“颠倒存在，因为具颠倒者存在”

的说法不合理。

如果承许四种颠倒有少许存在，那么也不能安立为颠倒，为什么呢？因为：

若我常乐净，是为实有者，

是常乐我净，则非是颠倒。

假设安立谓“常乐我净是颠倒”，那么它们存在还是不存在？假设存在，则不是颠倒，因为存在如无我等。如果不存在，那么由于它们不存在故颠倒就不存在。

而且，因为对立法颠倒不存在故无我等非颠倒也不存在，下面说明：

若我常乐净，而实无有者，

无常苦不净，是则亦应无。

假设认为：不存在的法不可能有颠倒，所以常乐我净不存在。

驳：既然如此，那么我等不存在的缘故，也应舍弃无我等非颠倒。因为所破不存在就无有能破。如是无我等不存在，也就是自本体不成立，因此就像我等一样如何不颠倒呢？

为此，欲求解脱者也应舍弃这八种颠倒。所讲的观察颠倒的这些是断除无明等的因，所以具有重大意义，下面说明：

如是颠倒灭，无明则亦灭，

以无明灭故，诸行等亦灭。

以瑜伽师所说的理证得不到颠倒，由于颠倒不可得，所以它的果无明将灭。因为无明泯灭，无明的果——行等直至老死之间的一切法都将泯灭，因为无明是烦恼聚合之源，是生等痛苦之因。犹如身根的果一切有色根均由身根灭而灭一样，行等无明的果——有支必定以无明灭而灭。所以说“以无明灭故，诸行等亦灭”。

他宗说：假设由颠倒灭使无明灭，那么如何以颠倒灭而灭？无明是存在的，虚空中的芒果枝不存在，寻找断除的方便就不存在，所以无明是存在的，因为寻找灭它的方便存在。为此，它的果——贪等烦恼存在。由于烦恼存在故生世的相续也就存在。

驳：奇哉！生起胜义，不依任何法，以方便智慧力无余能根除一切烦恼大毒树本性极有力的痛苦，不仅不安住于威力中，而且与根除它极度相违而住，对于种下自我臆造的烦恼大毒树异常恭敬，是极其精通非义的外道。

此外，假设烦恼无明等可断除，那么就要寻找断除它的方便，可是断除它们并不存在。为什么呢？假设存在，那么是自本性存在的烦恼有断除还是不存在的烦恼中有断除？结果会怎样？

假设承许是断除自性本体存在的烦恼，那不合理。为什么呢？下面说明：

若烦恼性实，而有所属者，

云何当可断？谁能断其性？

有实法自本体存在的自性则无法遣除，如地等的自性坚硬等不可逆转。同样，假设人的无明等这些烦恼也是自性存在，那么如何能断除呢？依靠什么也不能断除。再者又为何断除它们呢？又有谁能断除它们呢？因为自性不可遣除，如同虚空的无障无所遣除一样。

如果认为是自性不存在的烦恼，那也不存在断除：

若烦恼虚妄，无性无属者，

云何当可断？谁能断无性？

烦恼自性不存在，无有的一切也不可断除，如火的冷性不存在，也就无法遮遣。同样，这些烦恼无论如何自性都不存在，那么谁能断除它们呢？谁也不能断除。

所以，两种观点都不存在断除，因此断烦恼不存在。无有断除的缘故，又怎会有寻觅断烦恼的方便呢？为此说“无明等存在，因为寻觅断除它的方便存在”不合理。《三摩地王经》中也说：“色亦示菩提，菩提亦示色，无等之诸声，尽示法之师。以声色之师，体性甚深净，色菩提平等，不得异体相。如涅槃甚深，亦以声显示，涅槃不可得，彼声亦不得。声与涅槃法，二者皆不得，如是诸空法，尽示涅槃相。涅槃与入灭，涅槃者不得，诸法无灭尽[1]，如后前亦然。诸法以自性，等同涅槃相，精勤佛陀教，彼等众生知。”又云：“智慧了知蕴空性，知已不与惑共存，唯以言诠所诠说，当如涅槃观此世。”

月称论师亲造之《显句论》·第二十三观颠倒品释终

1　“诸法无灭尽”，另有版本中是“诸法无趋入”，是否是错别字，请观察。

第二十四 观四谛品

若一切皆空，无生亦无灭，

如是则无有，四圣谛之法。

对方说道：假设由于以理证不成立而建立外内的这一切法都是空性，那么难道你们不是有许多大错误吗？为什么呢？假设这一切均是空性，那么空性就是不存在，不存在就是无有，如同石女儿般不生也不灭，所以任何法都将不成不坏。由于它不存在，因此四圣谛对于说空性的你们而言也应成无有。为什么呢？近取五蕴由前面的因而生，依缘而起，即是苦苦、变苦、行苦，不相符的缘故具有损害的本性，为此称苦。苦也是唯独断除颠倒的诸圣者了知是苦。而与颠倒相系如其所见安立诸法自性的非圣者们并非了知。如此那些法，以那些法本身不可得的缘故如患瘟疫等病使根颠倒觉得糖甜的自性也是苦的，观待他们的识的确是苦味，而甜本身并不是苦，同样，近取五蕴虽是痛苦的自性，但只有见到苦本性的那些圣者才得见，而随颠倒另外缘取者并非如此。为此，唯有诸圣者前苦的本性才是真实的，由此称为苦圣谛。

假设说：非圣者难道不是以苦受肯定地说是苦吗？为何只有诸圣者前苦才是真的呢？

答：并非单单苦受才是苦谛。

那是什么？

近取五蕴都是。由于只有诸位圣者前才真实，因此安立为“圣谛”。如云：“手掌有一毛，众人皆不觉，唯有入眼时，方生不乐恼。凡愚如手掌，不证行苦毛，圣者如眼目，亦生细微意。”为此，苦唯有在圣者前才真实，因此安立谓“苦谛”。什么时候此苦圣谛才合理呢？何时有为法有成有坏，当时就是空性，所以少许也无生少许也不灭，那时苦谛应当不存在。如果无有苦，又怎会有集谛？产生痛苦的因具有爱、业和烦恼的法相，它称为集。成为果的苦谛不存在，那么离开果的因就不合理，所以集也不存在。离开了苦，不产生苦，就称为灭。何时苦不存在，那当时由何灭何？所以灭苦也不存在。如果苦不存在，则灭谛也就不存在。如果灭苦不存在，又岂能有为灭苦而行道的八圣道支呢？所以道谛也就不存在。由此对于说诸法空性的你们来说四谛就成了都不存在。这有什么过失呢？

就是无有四圣谛的过失：

以无四谛故，见苦与断集，

证灭及修道，如是事皆无。

以无常等行相了知苦谛，断除生苦的集谛、修行灭苦的道谛、现前灭苦的灭谛都不合理。假设苦谛等圣谛不存在就无有了知苦谛等，那有什么过失呢？

以是事无故，则无有四果，

无有四果故，得向者亦无。

若无八贤圣，则无有僧宝，

以无四谛故，亦无有法宝。

以无法僧宝，亦无有佛宝。

何时了知苦等不存在，那当时由于无有了知苦就不该有预流果、一来果、不来果、阿罗汉果这四果。为何无有呢？这里烦恼的断综合起来，获得果的名称，以断除三结而于十六刹那道中具有类智等烦恼之断法，即是预流果。行于欲界中的烦恼以修所断的上中下品行相也一一有上中下分类，共有九品。灭尽行于欲界的六品烦恼，于解脱道中具有断法，即是一来果。灭尽行于欲界的那些烦恼的九品烦恼，于解脱道中具有断法，即是不来果。行于色界无色界的烦恼以修所断，每地分为九品，直至非想非非想处之地的九品烦恼灭尽，名为阿罗汉果。以上这四果如何合理呢？假设（苦谛等存在，）那么了知苦、断除集、现前灭、修行道就存在。假设苦等圣谛不存在，那么了知苦等就不存在，当时也就无有四果。如果无有四果，则住于四果的四圣者——住果者也不存在。为此，四向圣者也不存在。

于此十六刹那道类智之前的智，是忍的十五刹那。现证三界的痛苦，当时缘于痛苦之忍与智的四刹那，现证三界苦时之忍与智的四刹那是什么呢？成为现见行于欲界之苦所断坏聚见、边执见、邪见、见取见、戒禁取见、怀疑、贪、嗔、慢、无明十随眠的对治，生起无常、苦、空、无我行相。缘于行欲界之苦谛，具足无间道法相之苦法智的忍刹那是第一相。具有真实所缘与行相，具足解脱道法相之苦法智的忍刹那是第二相。缘于行色界无色界之苦，成为刚刚所说不包括嗔之十八种随眠的对治，生起苦等行相，具足无间道法相之苦类智的忍刹那是第三相。具足真实性所缘与行相，具足解脱道法相之苦类智的忍刹那是第四相。

如同现证行三界苦谛之忍智四刹那一样，成为现见行欲界之集所断邪见、见取见、怀疑、贪、嗔、慢、无明七随眠的对治，生起因、集、生、缘行相，缘于行欲界之集谛，具足无间道法相之集法智的忍刹那是第一相。具足真实所缘与行相，具足解脱道法相之集法智的忍刹那是第二相。缘于行色界无色界之集，成为刚刚所说不包括嗔的十二种随眠的对治，生起集谛行相，具足无间道法相之集类智的忍刹那是第三相。具有真实所缘与行相，具足解脱道法相之集类智的忍刹那是第四相。

以上是现证行于三界之苦谛、集谛的四刹那。

如同现证三界苦谛、集谛之四刹那一样，现见灭除行欲界苦所断，成为集谛中所说七随眠的对治，生起灭、寂、妙、离行相，缘于灭除行欲界之苦，具足无间道法相之灭法智的忍刹那是第一相。具有真实所缘与行相，具足解脱道法相之灭法智的忍刹那是第二相。缘于灭除行色界无色界之苦，成为刚刚所说不包括嗔的十二种随眠的对治，生起灭谛行相，具足无间道法相之灭类智的忍刹那是第三相。具有真实所缘与行相，具足解脱道法相，灭除行于色无界苦之灭类智的忍刹那是第四相。这些是现证灭除三界之苦的四刹那。

如同现证灭除行三界之苦的灭谛四刹那一样，现见趋向灭除行欲界苦之道所断，成为灭谛中所说加上戒禁取见八随眠的对治，生起道、如、修、出行相，缘于趋向灭除行欲界之苦的道，具足无间道法相之道法智的忍刹那是第一相。具有真实所缘与行相，具足解脱道法相之道法智的忍刹那是第二相。缘于趋向灭除行色界无色界之苦的道，成为刚刚所说不包括嗔的十四种随眠的对治，生起道谛行相，具足无间道法相之道类智的忍刹那是第三相。以上十五刹那，称为见道。安住于彼等的圣者即可现前预流果，故称向。安住于第十六刹那道类智，称为预流果。八十八种随眠，不观待修行而仅以见谛便断除，所以称为见断。如同见谛行相一样，后来修行断除的它们就称为修断。它们是指十随眠，即行欲界的贪、嗔、慢、无明，行色界、行无界除去嗔各三种，共十种。它们以所说之理每地分为九品，即为断除欲界、四禅天四无色处每一烦恼的行相，以无间道、解脱道分类智的二二刹那从遮遣烦恼之刹那而安立的。如此烦恼的上上品行相，以下下品无间道、解脱道断除，直至下下品烦恼以上上品智刹那断除，由此可知，粗大垢染以小力量的智慧就能断除，细微垢染要以强有力的智慧才能断除，就像洗涤者洗衣服一样。见道之后，圣者行于欲界的烦恼，以六种修行所断的对治，安住于解脱道的智慧刹那之前面的智刹那，称为一来向，由于还要来此世间一次后般涅槃，故称为一来。趋向其果之义并安住加行，称为一来向。六刹那，就是一来果。六刹那之后，圣者断除九品烦恼，安住于解脱道智刹那前的智刹那，称为不来向，因为不再来此世间即般涅槃，故称不来。趋向其果义并安住加行，即称不来向。第九刹那就称为不来果。第九刹那之后，圣者安住于解脱道智前面的刹那作为有顶九品烦恼的对治，即称阿罗汉向，因为包括天人非天世间应供，故称阿罗汉。趋向其果义并安住加行，就称为阿罗汉向。由断除有顶九品烦恼而安住于第九解脱道中，即称阿罗汉果。四住向者与四住果者八种圣者，堪为殊妙功德处，世尊称之为僧宝。如云："帝释天王，转轮王启白，含识成王者，求福之信士，物生之福德，恒以彼为田，供其生大果，善妙尽宣说。具有明足者，施处大僧宝，四种住向者，四种住果者。"所以，假设四圣谛与遍知四谛不存在，那当时就无有见谛。结果就无有因见谛而住向住果的行者，最终僧宝不存在。以证悟而现前法、诸魔不能使之从出有坏中退转，因此是僧宝，它也不存在。假设圣谛不存在，八圣者就不存在，也就没有微妙圣者的微妙法。灭谛是果法，道谛是趋入果之法，这是暂时的证法，宣说它的是教法。如果诸圣谛不存在，那么这些就都不存在。“以无四谛故，亦无有法宝。以无法僧宝，亦无有佛宝”随同法精进修行现前圆满领悟一切法而有佛才合理。假设有僧宝，那么当时依靠他们说法而积累智慧资粮，对其供养承侍皈依等积累福德资粮，会逐渐成佛。相反，如果无有僧宝，那么预流向等圣者就不存在。没有获得向等，就不能获得佛果，世尊先前也必定趋入某一果，由于是住果者，因此世尊也属于僧宝中。如果无有僧宝，必定无有佛陀出有坏。或者，佛陀摄于属无学者的僧宝中。有些人说：佛陀出有坏等称为比丘僧的缘故，出有坏摄于僧宝中。如果按照他们的观点，那么“若无法僧宝，云何有佛陀？”这是显而易见的。中间者可以安立为菩萨，在《杂事论》中讲地的安立时说：“住一地菩萨生起见道，如此可以说属于僧宝。”很显然，“若无有僧宝，亦无有菩萨，云何有佛宝？”

为此：

如是说空者，是则破三宝。

难以获得的缘故，偶尔出现、福德浅薄者不能值遇的缘故，价值连城的缘故，称为佛法僧宝，如果声称空性之义那就破了三宝。

此外：

空法坏因果，亦坏于罪福，

亦复悉毁坏，一切世俗法。

结合“如是说空者”，假设这一切都是空性，这一切均不存在，那么由于万法都包含在一切当中，所以法与非法二法的因果，欲求与不欲求的法均不存在，就毁坏了世间名言，毁坏了衣食住行，此等都包括在一切范畴中，由于诸法是空性故这些不合理。为此所讲的这一道理不正确。

驳：

汝今实不能，知空空因缘，

及知于空义，是故自生恼。

你们只是以自己的分别念说诸法不存在、空性之义，颠倒增益而指责说“设若一切空，无成亦成坏……”这会对于我们有信心者造成极大损害，他们会因种种非真实的分别妄念而退失。其实，你们所受持的这一空性义，我们在此论中并没有说，你们不知空性义，也不了知空性，又不知晓空性的必要。为此，不理解法自本体如实存在的意义，所以你们与我们所说毫不相关、不合道理而指责许多。

若问：那么，空性的必要是什么呢？

答：在《观我品》中已经讲了“业烦恼灭故，名之为解脱，业烦恼非实，入空戏论灭”。因此，就是为了无余寂灭一切戏论才宣讲空性的，所以空性的必要就是寂灭一切戏论。你们妄加分别空性的意义就是无有，只能增长戏论之网，没有证悟空性的必要。

空性是什么？

前文已讲“自知不随他，寂灭无戏论，无异无分别，是名真如相”。所以，灭除一切戏论之自性的空性中又怎会有个无有？为此，你们也不了知空性，受持其义。关于空性的说词，下文将讲道：“众因缘生法，我说即是空，亦为是假名，亦是中道义。”因为世尊也说此偈：“何法缘生彼无生，生之自性即非有，依于因缘名空性，了知空性不放逸。”如此缘起的词义，就是空性的词义，而无实法的词义并不是空性的词义。你们将无实法的词义增益为空性的词义，进而对我们寻找过失。所以，也没有了知空性的词义。由于不了知而寻找过失必定只会对你们自己有害。谁又能对我们寻找过失呢？佛陀说法是以二谛分析，无误了知，而只是耽著词句者不能了知。为此，龙树菩萨是为了遮遣他宗的妄念，就世尊经典中所说的二谛无倒安立来讲：

诸佛依二谛，为众生说法，

一以世俗谛，二第一义谛。

诸佛说法，依于二谛而行。二谛是什么呢？“世间世俗谛，以及胜义谛。世间共称蕴，世间必依彼。”依于蕴而假立的补特伽罗，称为世间。普遍遮障的缘故为世俗，不了知、覆盖万法的真如，故名世俗。或者由相互依存故为世俗，就是相互依存而得名之义。或者，世俗是名言，世间名言，也就是具有能诠所诠、能知所知等法相。

若问：世间世俗称为世间世俗谛，难道还有别于所谓世间世俗的非世间世俗吗？

答：这是讲万法如实存在，而这里不进行这种观察。有眼翳、蓝翳、黄眼等根有损害者所见颠倒存在，他们不是世间的真相，他们的世俗是什么呢？不是世间世俗谛，所以与所说“世间世俗谛”有差别。关于这一点《入中论》中有广说，因此当从中领会。世间的真世俗，就是世间世俗谛，所诠能诠、所知能知等无余这一切名言，称为世间世俗谛。胜义中并不存在这些，“诸法实相者，心行言语断，无生亦无灭，寂灭如涅槃”。

所以，胜义中怎会有言词与心识呢？胜义不是依于他所了知，寂灭，诸圣者各别自证，超越一切戏论，它并不是所说，也不是以心识能了知，前面已讲过“自知不依他，寂灭无戏论，无异无分别，是名真如相”。它是真义也是殊胜，故为胜义，由于是真如谛，故为胜义谛，关于此二谛的分析，详细内容当从《入中论》中了知。

诸佛出有坏是依于二谛而说法。所讲的道理如实：

若人不能知，分别于二谛，

则于深佛法，不知真如义。

他宗说：假设胜义是离戏的自性，那么虽依于真如，但蕴、界、处、圣谛、缘起等非真实的这种他法有何必要呢？如果不是真如，就是完全所应舍弃的，那么宣说所舍的法有何用呢？

答复：虽然事实如此，但具足所诠能诠、所知能知等法相，在没有承许世间胜义之前不能宣说胜义。如果没有宣说，也就不能证悟，没有证悟胜义，也就不能趋至涅槃城，下面说明：

若不依俗谛，不得第一义，

不得第一义，则不得涅槃。

所以，世俗谛是获得涅槃的方便，就如同求水要有容器一样，首先必定要承认世俗如何存在。

为此，不以具世俗谛与胜义谛法相的二谛来安立，而声称空性的人就会如此：

不能正观空，钝根则自害，

如不善咒术，不善捉毒蛇。

瑜伽行者连世俗谛都不了知而证悟无自性（单空），就是它的空性。证悟胜义法相，不会堕于二边，因为现在不存在，又怎么会成为有呢（不堕有边）？因为先前诸法自性不可得所以就不会分别后来变成无有（不堕无边）。不会有害于如影像的世间世俗法，也不会有妨害业与业果、法与非法。也不会增益胜义是有实法。因为现见诸法无自性中业果等诸法无自性。按照说有自性者的观点，也不见业与业果，不见缘起等一切。不见如此二谛的分别而见诸行空性者，是分别妄计见空性诸行无有。或者，将空性观察为实法，也是意分别妄计有实法自性，这两种都必定因对空性有误解而遭毁坏。是怎样的呢？如果分别“假设一切空，一切皆非有”，那么这就成了邪见。如云：“颠倒持此法，无知亦毁坏，如此必沦陷，无见不净中。”

再者，如果不想损减一切，则当时声称：“这些有实法明明可得，如何成为空性，所以无自性的意义并不是空性的意思。”这必定舍弃空性，如此舍弃，必将以毁正法之业堕入恶趣。《宝鬘论》云：“此外倒受此，愚具智我慢，舍法难忍性，倒栽堕无间。”如此因为对空性执为无实而毁坏受持者。分别妄计诸佛的空性，其所依诸行存在，如此也会在涅槃的道上误入歧途，宣说空性也无果。所以，如果这样将空性执为有实法的本体，也毁坏受持者。

假设说：将有利的法执著为其他，虽然不成利益，又如何成损害呢？就像没有按顺序播下粮食，并不会毁坏播种者。

为此，龙树菩萨宣说表明了承许之义的比喻，“如不善咒术，不善捉毒蛇”。如果借助蛇药与咒语的力量，依靠窍诀来捕捉，能招来大财富，如果舍弃说明而捕捉，就会毁坏捕捉者。如实依靠窍诀持诵明咒有利于修行者，失去窍诀而行，则毁坏修行者。同样，如果按照所讲解的意义如实受持空性，那么能使受持者获得涅槃的胜乐，如果舍弃所讲而受持，则必定以所说的道理而毁坏受持者。以如此受持空性的过失能毁坏受持者。

智慧浅薄者也不能真实受持：

世尊知是法，甚深微妙相，

非钝根所及，是故不欲说。

颠倒受持，以空性法相之此法能毁智慧低下、见识短浅的众生。为此，世尊现前圆满无上真实圆满菩提而成佛后，照见众生的界性、法极其甚深，了知众生因智慧浅薄而难以证悟此法，能仁出有坏没有说法。如经中云：“尔后出有坏现前圆满成佛后不久，心想：我显现甚深法非是所观察，非寻思之行境，是深细智慧所了知、所觉悟通达。假设我为他众宣说，则彼等不能证悟我之境界，彼将有损于我，并怯懦，是故我当独自于极静阿兰若，安住所得现法乐住中。”其中作了广说。

为此，不知安住于如此无倒二谛者：

若汝发太过，谓空为无理，

汝已弃空性，于自宗不容。

你们对我们所罗列的“设若一切空，无成亦无坏……”太过，那是你们不了知二谛的安立，没有如实通达空性、空性的意义与空性的必要所致，所以不合理。你们指责我们所说的空性，会舍弃空性。为了遮止你们舍法，而对我们来说并不会舍法。如此你们将无实的意义增益为空性的意义而发太过，我们没有讲空性的意义就是无实的意义。那是什么？是缘起的意义。所以，破斥空性见不合理。对我们自宗所说的过失不仅不会落到我们头上，而且使一切真谛等安立更为合理，为此宣说：

以有空义故，一切法得成，

若无空义者，一切则不成。

在一切法自性空性合理的情况下，所说的一切才合理。怎么合理呢？因为我们讲缘起性空。为此，空性合理，缘起就合理，缘起合理，四圣谛才合理。到底是如何？因为是缘起才成立苦，不是缘起就没有苦，它是无自性，因此苦成立是空性。如果有痛苦，则痛苦来源之集谛、灭苦之灭谛、趋向灭苦之道谛才合理。所以，了知苦、断除集、现前灭、修行道也就合理。如果了知苦谛等存在，那么果就合理。如果有果，则住果者就合理。如果有住果者，则向也合理。如果有住果者与住向者，则僧宝合理。如果有圣谛，则正法也就合理。如果有正法与僧宝，则佛陀也合理。因此，三宝也就得以成立。世间与出世间一切法尤其是一切证法都合理，法与非法、其果、世间名言也得以成立。为此，在空性合理的情况下，一切都得以成立，如果空性不合理，那就无有缘起，一切都将不成立。关于如何不合理，下文将广说。为此，我们自宗，法清净，与一切安立不相违。自己的宗派有极其粗大的过失，却违背远离过失的宗派，这是极度愚痴之举，所以不见功过。

如何不见功过呢？下面说明：

汝今自有过，而以回向我，

如人乘马者，自忘于所乘。

就像有人明明骑着马却忘失了它而栽赃别人抢夺了一样，你们也是乘着具有空性缘起法相的马，同时极度散乱不见它而对我们进行辩论，诿过于不缘任何法而说空性的我们。

他宗的过失还有：

若汝见诸法，决定有性者，

即为见诸法，无因亦无缘。

假设你们能见到诸法自性存在，那么由于自性不观待因缘，万法就成了无因无缘，不存在因和缘，可你们也并不是持无因见者。

如果不承认因也就是无因见，也将如此：

即为破因果，作作者作法，

亦复坏一切，万物之生灭。

假设妄加分别瓶子自性存在，那么当时自性存在的瓶子，还有什么必要依靠泥土等因缘呢？所以它们不存在，所谓瓶子之果无因也不合理。如果瓶子不存在，那么作者陶师、工具轮盘等及造瓶子的所作也不存在，由于这些不存在，也就无有生与灭。如果无有生灭，那么果又岂能存在？为此，如果承认万法有自性，那就破坏了果等一切。因此，如果承认万法有自性，对你们来说一切都不合理，对于说空性的我们，这一切都合情合理。为什么呢？

因为我们如此承许：

众因缘生法，我说即是空，

亦为是假名，亦是中道义。

缘起，观待因与缘，苗芽与识等一切法形成，如果是自性无生，则自性无生就是空性，如世尊说："何法缘生彼无生，彼生自性即非有，依于缘生说彼空，了知空性不放逸。"《圣楞伽经》中也云："大慧，念及自性无生，我说诸法无生。"其中作了广说。《一百五十颂》中也以"诸法空性，无自性之理"宣说了。凡是空性就是依缘假立，空性真如安立谓依缘假立。依于车轮等车的支分而取名为车，依于它自己的支分而假立，那就是自性无生，自性无生，就是空性，具足自性无生之法相的空性安立谓中观道。如此由于自性无生而不存在有，由于自性无生无灭而不存在无。由于远离了有无二边，所以具足自性无生之法相的空性是中观道，称为中观之遗迹。为此，空性与依缘假立、中观道这些都是缘起的不同名称。

如果分析，则一切情况下：

未曾有一法，不从因缘生，

是故一切法，无不是空者。

不是缘起的法是不存在的，如《四百论》中云："见所作无常，谓非作常住，既见无常有，应言常性无。愚夫妄分别，谓空等为常，智者依世间，亦不见此义。"世尊也说："智者悟缘起，非有依边见，知有因缘法，无因缘法无。"如此不是缘起的法丝毫也不存在，因为缘起就是空性，故非空性的法丝毫也不存在。为此，依照我们的观点，诸法是空性，也不会有他宗所说的过失。

如果按照说诸法有自性的你们的观点，则是如此：

若一切不空，则无有生灭，

如是则无有，四圣谛之法。

苦不从缘生，云何当有苦？

无常是苦义，定性无无常。

如果何法有自性，那就不是缘起，不是缘起，就不是无常，如空中鲜花不是无常。世尊言："苦是无常，无常是苦。"《四百论》中也云："无常定有损，有损则非乐，故说凡无常，一切皆是苦。"无常也是自性，如果承认有自性，则诸法中就不存在。

可见，如果诸法有自性，则苦不容有，不仅苦不容有，如果承认有自性，则集也不容有，下面说明：

若苦有定性，何故从集生？

是故无有集，以破空义故。

由于产生一切痛苦，因此痛苦之因称为集。所以，如果按照承认痛苦能破空性、痛苦有自性的观点，那么生就无有意义，分别它的因也无义。这样一来，对于破空性的你们来说集谛也不可能有。

承许苦自性存在，灭苦也不容有，下面说明：

苦若有定性，则不应有灭，

汝著定性故，即破于灭谛。

假设苦自性存在，那么自性不可逆转的缘故岂有灭尽？完全住于自性的缘故，持受自性不可逆转，对灭苦也有妨害。

现在说明对声称诸法有自性者而言圣道如何不合理：

苦若有定性，则无有修道，

若道可修习，即无有定性。

假设诸法有自性，那么道也就有自性，因此未经修行道就已经成就，修道有何用呢？若有自性，则修道不合理。如果你们承认修道，那么你们的圣道就不是有自性，因为它是所作性。

此外，如果承许为得灭苦、要断除集谛就要修道，说诸法有自性，以前面所说之理：

若无有苦谛，及无集灭谛，

所可灭苦道，竟为何所至？

通过修道将得到灭谛。由于灭苦不存在，所以圣道也不合理，如此对于声称诸法有自性者来说，四圣谛均不存在。

现在说明了知苦等也不可能：

苦若有定性，先来所不见，

于今云何见？其性不异故。

假设认为：先前苦已成立，是没有了知的自性，后来才了知通达。

驳：那是不合理的，为什么呢？难道不是自性已安住了吗？自性是什么？它就是在世间中真实存在，如火的热性一样不变异。何时自性不变异，那时痛苦先前不是了知的自性，后来也不该了知。所以，了知苦也不可能。

何时了知苦不存在，那时：

如见苦不然，断集及证灭，

修道及四果，是亦皆不然。

如同了知苦不可能一样，断除集、现证灭，断除与现证这两者，连同修行道都不容有。集谛自性是不曾断除的自性，后来也不该断除，因为不可逆转。同样，也可类推现证灭谛、修行道谛二者。如果说诸法有自性，那么不仅了知等不容有，而且四果每一果也如了知一样不可能有。如同痛苦自性不可了知就不能了知苦谛一样，预流果先前自性不存在，后来也不可能存在。

由此可通达如预流果一样，一来果、不来果、阿罗汉果都不可能有。

若问：如了知一样，不仅那些果不容有，而且还有什么？获得那些也不容有，下面说明：

是四道果性，先来不可得，

诸法性若定，今云何可得？

承认说有自性者，先前不是得到的自性后来也不该获得，因为自性不可逆转。所以：

若无有四果，则无得向者，

以无八圣故，则无有僧宝。

无四圣谛故，亦无有法宝。

无法宝僧宝，云何有佛宝？

这两颂的意义依前文可知。

此外，如果承认说有自性，那么：

汝说则不因，菩提而有佛，

亦复不因佛，而有于菩提。

假设所谓的佛陀是自性存在的一个有实法，那么证觉就不依于、不观待遍知的智慧，因为“自性非改变，于他不观待”。同理，菩提也无有佛陀，不观待佛陀，也成了无所依的菩提，因为自性成立。

再者：

虽复勤精进，修行菩提道，

若先非佛性，不应得成佛。

佛陀不是先前成佛的自性，行者行菩萨行寻求菩提也不会获得菩提，因为非佛的自性不可逆转。

此外：

若诸法不空，无作罪福者，

不空何所作，以其性定故。

如果承认说有自性，那么不该造作法与非法，对不是空性有何所作，因为已经有，故对不是空性的自性有所作也不合理。

再者：

汝于罪福中，不生果报者，

是则离罪福，而有诸果报。

悦意与不悦意的果是具有法与非法之因，假设自性存在，那么就无有法与非法，但对你们来说也成了有。如果法与非法不存在而对于你们来说存在果，那么对你们而言就没有法与非法所生的果。这样一来法与非法等就成了无义，所以说法与非法之因所生的果对你们而言并不存在。

如果认为法与非法所生的果不存在，那么果就不是不空，下面说明：

若谓从罪福，而生果报者，

果从罪福生，云何言不空？

这是空性，因为是缘起故同影像。此外，假设你们承许有自性，那么就对"请去、请逃、请造、请看、请坐"等世间的名言这些缘起法有妨害。

由于妨害缘起，所以就是对世间一切名言有妨害。下面说明：

汝破一切法，诸因缘空义，

则破于世俗，诸余所有法。

另外：

若破于空义，即应无所作，

无作而有作，不作名作者。

假设诸法不是空性而是有自性，那么当时自性存在的缘故，谁也不会对它做任何事，如虚空无有遮障，谁也不能造作。否则不是正在做也成了所作，不做所作也成了作者。但这些并非事实，因此诸法并非不空：

若有决定性，世间种种相，

则不生不灭，常住而不坏。

假设诸法有自性，那么自性无伪、不可逆转的缘故，一切众生就成了无生无灭。无生无灭的缘故，众生就成了永恒存在。由于不观待因缘，所以对声称不空者来说，众生不是缘起生，远离种种阶段。世尊言："若有少不空，佛无不说教，自法恒常住，无增亦无减。"再者，《圣象力经》中也说："假设诸法有自性，则佛声闻当知彼，永恒诸法不涅槃，智者永时非无戏。"

如果承认诸法有自性，那么不仅世间的名言不合理，而且出世间法也是如此，下面说明：

若无有空者，未得不应得，

亦无断烦恼，亦无苦尽事。

假设万法不空，这一切有自性，那么当时没有获得就绝对不能获得，因为未得之果不会得到。同样，痛苦不会有尽头，现在也不会变化。先前一切烦恼没有断除以后也不会断除。因为承认诸法有自性，所以一切都不合理。

所以：

若人能现见，一切因缘法，

则为能见苦，亦见集灭道。

谁真实生起空性缘起的境界，那么就是如实见到了四谛真如。如《诸法无行经》中云："文殊，谁见诸法无生，彼乃了知苦。谁见诸法无性，彼乃断除集。谁见诸法涅槃，彼乃现前灭。文殊，谁见诸法无实，彼乃修行道。"其中有广说。《吝禅经》中也说："尔后世尊告文殊童子言：'文殊，未真正如实现见圣谛，名颠倒众生，心颠倒，不超越非真实轮回。'文殊白佛言：'世尊，以有缘令众生不超越轮回，请宣说。'世尊告言：'文殊，由缘我我所令众生不超越轮回，何以故？文殊，见自他为真实，彼即现行业。文殊，异生凡夫不具听闻，不知诸法悉皆涅槃而缘自他，缘而贪执，贪执而贪爱、嗔恨、愚痴。由贪嗔痴现行身语意业。彼本非有以增益妄计分别我贪我嗔我痴。彼于如来教中出家后作如是想，妄计分别我具戒，我行梵行，我真实超越轮回，我获得涅槃，我解脱痛苦。妄计分别此等法是善，此等法是不善，此等法是所断，此等法是所证，当知苦，当断集，当证灭，当修道。尔后妄计分别由一切行中逃出，诸行无常，诸行炽燃。如是分别，与厌离同俱之作意，生起寂止相。彼作如是想，了知此等法，即了知痛苦。作如是想，我当断集，此等法有害，成大惭愧，不欢喜，受诋毁，畏、惧、极惧。彼作如是想，此等法有害，现行此等法，此为断集。彼作如是想，当现证灭，观察彼二而现证灭。彼作如是想，现证灭，与厌离俱生之作意生即是此。彼作如是想，我当修道，独自去静处后作意彼等法，获得寂止，厌离作意，生起寂止。思维一切故而生起，复引发并退转。彼等有害，成大惭愧，生不欢喜心。彼作是想，我当解脱一切苦，复一无所为，我即成阿罗汉，了知本性。彼至死亡之际见我生，于佛菩提怀疑疑惑。彼堕入疑惑，死后堕入大地狱。何以故？于无生法思择而于如来疑惑，生起怀疑故。'尔后文殊童子白佛言：'世尊，如何于四圣谛畏惧？'世尊告言：'文殊，见诸法无生，彼是知苦，见诸法无起，即是断集，见诸法永涅槃，彼即是证灭，见诸法极无生，彼即是修道。文殊，谁如是见四谛，彼不分别不妄计分别此等法是善、此等法是不善、此等法是所断、此等法是现前，当知苦，当断集，当证灭，当修道。如此不以所观察之法而见故。异生凡夫若分别彼等法，则贪，则嗔，则痴，彼不取不舍少法。如是不取不舍，彼不于三界起贪心，现见三界悉皆无生，如幻如梦如回响。见诸法有如此自性者，则于一切众生，离贪、离嗔。何以故？如此不缘成为贪嗔之法故。彼心等同虚空，佛也不见为真实，法也不见为真实，僧也不见为真实，见诸法空性故于任何法不起疑惑。无疑惑故无近取。无近取故无取而涅槃。’”其中作了广说。

月称论师亲造之《显句论》·第二十四观四谛品释终

第二十五　观涅槃品

他宗说：

若一切法空，无生无灭者，

何断断所灭，而称为涅槃？

世尊也是对依靠梵净行身份趋入如来教、随法如法精进者宣说了有余涅槃与无余涅槃两种涅槃。其中，无余断除了无明与贪等烦恼，承许为有余蕴涅槃。于此，依靠于我贪著我为蕴，安立我之因近取五蕴，称为蕴。因为有余下的蕴，所以是有余。遗留下蕴，所以是有余蕴。与有余蕴并存的缘故为有余蕴。它是指什么呢？是指涅槃，也就是如同无余斩尽盗匪群，留下其村落。远离了坏聚见等烦恼盗匪，唯剩下蕴，那就是有余蕴涅槃。如同将盗匪无余斩尽杀绝，连同其村落也消毁。涅槃者，连蕴也不存在，那就是无余蕴涅槃，因为断除了诸蕴的剩余。就此而言，“身灭识想灭，远离一切受，寂灭一切行，识则当隐没。”又云：“以不怯之身，若取于受者，彼心即解脱，如同灯火灭”。所以，无余蕴涅槃由蕴泯灭而获得。如果诸法不存在，那两种涅槃如何合理呢？假设一切烦恼及蕴泯灭，则由于一切是空性，少许也无生少许也无灭，那当时由灭而趋入涅槃，又岂能有烦恼和蕴呢？所以，诸法自性是存在的。

驳：如果承认有自性，则会如此，

若诸法不空，则无生无灭，

何断何所灭，而称为涅槃？

那么怎能有断除它们而成就涅槃、烦恼与蕴自性怎能安住或还灭呢？因为自性不可逆转。所以，对说有自性者而言，涅槃不合理。他们有这种过失，而说空性者并不承许涅槃具有去除烦恼的法相或者具有去除蕴的法相，为此说空性者无有此过失。

对方说：假设说空性者不承许涅槃具有去除烦恼与蕴的法相，那么承许具有什么法相？

答：

无得亦无至，不断亦不常，

不生亦不灭，是说名涅槃。

无有所舍弃的贪等之类，无有所获得的沙门果之类，也无有所断灭的蕴等之类，也无有如不空一样的常有，具足自性不灭不生寂灭一切戏论的法相，就称为涅槃。所以，这种情况，怎能断除了烦恼而趣入涅槃，怎会有烦恼分别，又怎会有蕴灭而获得的蕴分别呢？乃至产生这些分别期间，就不会有获得涅槃，因为涅槃是由灭尽一切戏论而获得。

如果有人想：涅槃无有烦恼也无有蕴，然而在涅槃之前是有的，为此，它们灭尽即灭尽戏论就是涅槃。

驳："执著当舍弃"，因为在涅槃之前，自性存在的法，也不能作为无为法，所以欲求涅槃就要舍弃这种分别。下文要讲道“涅槃之实际，即为世间际，如是二际者，无毫厘差别”。世尊也说：“涅槃无有法，无法余亦无，有无具分别，此行不息苦。”这颂的意思是，涅槃，就是无余蕴涅槃的法界。诸法是指烦恼、业、具生法相或诸蕴，一切情况均远离的缘故不存在有。这是一切辩驳的承许。就像没有灯的黑暗中，将绳看作蛇一样，涅槃中并不存在任何法，它们也不复存在，烦恼业与具生法相的那些法是轮回位才有并非在真如中有，如同黑暗中绳子无有蛇的自本体，却执为有蛇一般，黑暗与光明也是执著。

那么，怎样才是轮回呢？

如同有眼翳者前显现毛发飘浮、长嘴昆虫等一样，不存在之法的自性，凡夫以我与我所非真实的颠倒魔所执取，显现为真实，这就是“有无具分别，此行不息苦”。具有所谓有即诸法存在的分别，胜者派、米食斋派、淡黄派等都归于有部，具有所谓无有之分别的断派者，还有声称过去未来行、不是唯识，不相应行不存在，另说为有者，说遍计性不存在，说依他起、圆成实存在者……如是说有无者不能息灭痛苦的轮回。有人由忧虑而妄想中了毒，虽然毒没有进入体内但也会昏迷，同样，凡夫承许我与我所，对于那个我，恒常以不真实之想执著有生灭。所以，应当了知涅槃既无有断也无有灭。为此，灭尽一切妄念分别就是涅槃。《宝鬘论》中也说：“涅槃非无实，岂能是有实？执著实无实，灭尽名涅槃。”

对于没有证悟涅槃是寂灭一切分别的本体而妄加分别涅槃是有实、无实、二俱、非俱之本体的行者宣说：

涅槃不名有，有则老死相，

终无有有法，离于老死相。

耽著涅槃是有实法的有些人说：涅槃必定要灭尽烦恼、业与生相续流转，如同阻止水流的堤坝，是有实法的本性，无有的自性之法也不可能有如此果。难道不是说“假设与欢喜之贪并存的爱灭尽，远离了贪的灭法，那就是涅槃”吗？仅仅灭也不堪为有实法，如云：“如灯火熄灭，彼心即解脱。”像灯火熄灭是有实法的说法也不合理。

驳：爱灭尽不应该理解成就是爱灭了，那是什么？

如果有个所谓涅槃的法，那么就成立是爱灭了，可以理解成爱灭尽了。灯火只是比喻而已。如果它存在，那么可以理解成就是心解脱，这样涅槃就是以有实法存在，龙树菩萨确定地认为“涅槃非有实”。为什么呢？因为，如果涅槃是有实法，那么就成了老死法相，有实法无误有老死的法相。为此它也不成为涅槃，因为是具有老死法相的法，如心识等一样。为了遣除无误具有老死的法相这一点，而说“无老亦无死，非是有实法”。远离老死，那就不是有实法，由于远离老死的缘故如空中鲜花。

再者：

若涅槃是有，涅槃即有为，

终无有一法，而是无为者。

假设涅槃是有实法，那么涅槃就成了有为法，因为是有实法的缘故如同心识，不是有为法那就不成为有实法，如同驴角。反过来说，在何时何处也不存在任何一个有实法是无为法的情况。所谓的“一法”是能依，是内或外本性之义。“终”是所依，指何时何地。

此外：

若涅槃是有，云何名无受？

无有不从受，而名为有法。

假设按照你们的观点承许涅槃是有实法，那么就成了依缘，也就是依靠自己的因缘聚合之义。实际也并不承许如此依缘而称涅槃。那是什么呢？涅槃不依于任何法。假设涅槃是有实法，那么涅槃怎会不依于某法呢？因为是有实法的缘故如同识等。反过来说，“终无有一法，非是依缘起”。

对方说：由于应成所说的过失，所以涅槃不是有实法是真的，那是什么呢？由于去除了烦恼与生，因此涅槃唯一是无实法。

驳：这种说法也不合理。

有尚非涅槃，何况于无耶？

涅槃无有有，何处当有无？

既然不承许涅槃是有实法，那么涅槃怎么可能是无实法呢？也不可能是无实法。为什么呢？“涅槃无有有，何处当有无？”如果说放弃有实法的自性而转异称为无实法，那么显然对于说涅槃是无实法的宗派会有已说的过失，涅槃也不是无实法，因为不成立有实法自性的本体，有无实法体性不合理。

假设说：涅槃无有烦恼与生。

驳：如此一来，烦恼与生的无常性就成了涅槃，因为无有烦恼与生是无常，而并非其余。所以，无常就是涅槃。那也是不承许的，否则应成（涅槃就是）无有障碍的缘故。为此，这种观点不合理。

再有：

若无是涅槃，云何名不受？

未曾有不受，而名为无法。

无常是无实法，不是依于有实法安立，如驴角等无常不可得。依于法相而运用事相，依于事相运用法相，所以法相与事相运用相互观待，不观待事相的有实法岂有无常性？为此，无实法也是依有实法而安立。假设涅槃是某个无实法，那么涅槃如何不依于某法呢？它绝对是依于有实法。是无实法的缘故如毁灭。为表明这一点，才说“未曾有不依，而名为无法”。

假设对方说，不依于某法没有无实法，那么现在依于什么而说石女儿等是无实法？

驳：谁说石女儿等是无实法了？前面已经讲过“有若不成者，无云何可成？因有有法故，有坏名为无”。所以，石女儿等并不是无实法。又如云：“虚空之兔角，及与石女儿，名言说无有，执有实亦尔。”要知道，那也是仅仅遮破分别有实法，而并不是分别无实法，有实法不成立的缘故。所谓石女儿只是名词罢了，而实际有实法或无实法的意义均不可得。所以对无所得的自性，观察有实无实岂能合理？为此应当了知，石女儿并不是无实法。这就是“未曾有不依，而名为无法”的意义所在。

假设对方说：如果涅槃既不是有实法也不是无实法，那么涅槃是什么？

答：诸佛出有坏说——

受诸因缘故，轮转生死中，

不受诸因缘，是名为涅槃。

“来去有实法”就是有来有去的法，即生死接连不断辗转之义。来去的有实法，也是依于有时因缘聚合而安立谓有的，如同长与短一样。有时以因造作而安立如同灯火之光。不管是以因造作而假立，还是依法而安立产生，一切情况下，不依于生死的相续，或不是以因造作，不运行，那就安立是涅槃。不运行，是指既不能安立有实法也不是无实法，如此涅槃既不是有实也不是无实。或者，诸行是轮回，按照他宗的观点，不是由所依能依而生灭，不流转，就称为涅槃。

按照某宗的观点，不可说是补特伽罗是轮回的常有与无常性，无来去的无实法依于近取是由因造作流转，而因造作，因造作流转，现在不是因造作，不流转，就称为涅槃。诸行与补特伽罗的不流转，也不能安立为有实或无实。所以，涅槃是有实法与无实法均不合理。

如佛经中说，断有断非有，

是故知涅槃，非有亦非无。

此外，经中说："诸比丘，以生灭寻觅出离三有，彼是大无知。"生之爱与灭之爱二者也是所断，世尊并没说涅槃是所断，那是什么？不是所断。假设涅槃是有实法的自性或无实法的自性，那么就绝对成了所断，由于它不是所断，所以涅槃是有实法是无实法均不合理。

按照他宗的观点，在涅槃中无有烦恼与生，涅槃是无实法的自性，本身是有实法的本体，所以是有实法的自性。

是二俱自性的涅槃也不合理，下面说明：

若谓于有无，合为涅槃者，

有无即解脱，是事则不然。

假设涅槃是有实法与无实法二俱的自性，那么应成有实法与无实法，所以获得诸行本性，远离行则解脱，行谓解脱也不合理，为此那种观点不合理。

此外：

若谓于有无，合为涅槃者，

涅槃非无受，是二从受生。

假设涅槃是有实法与无实法的自性，那么它就要依靠、观待因缘聚合而并非不依靠因缘，为什么呢？因为有实法与无实法二者都是依因缘聚合。依于有实法才成无实法，依于无实法才有有实法，有实法与无实法是依缘而并非不依缘。如果涅槃是有实无实的自性，那就成了这样，可事实并非如此，所以这种观点不合理。

此外：

有无共合成，云何名涅槃？

涅槃名无为，有无是有为。

有实法是由因缘聚合而生故是有为法，无实法也是依靠有实法而形成的缘故，依靠生之缘形成老死，所以是有为法。假设涅槃是有实法与无实法的自性，那么就不是无为法，而成了有为法，但谁也承认它是有为法。为此，涅槃是有实法与无实法不合理。

如果认为：涅槃不是有实法与无实法的自性。那是什么？涅槃是有实法与无实法并存，那也不合理。为什么？涅槃不会有有实与无实共存的情况，因为互绝相违的有实法与无实法也不会在一个涅槃上存在，因此：

有无二事共，云何是涅槃？

是二不同处，如明暗不俱。

如同一个舍宅中不会同时存在互绝违的光明与黑暗一样，涅槃中也不存在既是有实法也是无实法。

现在说明，涅槃既非有实也非无实如何不合理：

分别非有无，如是名涅槃，

若有无成者，非有非无成。

假设有个所谓的有实法，那么由遮破它涅槃就成了无实法的分别，假设有个无实法，那么因为遮破它，涅槃就成了非无实法，有实与无实均不存在，遮破它们也不存在，所以认为涅槃既非有实也非无实的分别也不可能有，为此这种观点不合理。

此外：

若非有非无，名之为涅槃，

此非有非无，以何而分别？

假设认为涅槃以既非有实也非无实的自性存在，那么现在谁能现证、认定或能明示这种涅槃以既非有实法也非无实法的本体存在？涅槃是这种情况的证悟者是有还是没有？假设有，那么涅槃也成了有我，可这一点并不承许，因为无有近取不会有我。如果无有证悟者，那么谁能断定这种涅槃存在？假设说，由安住于轮回，就能肯定。如果由安住于轮回能肯定，那么是由心识断定还是由智慧断定？假设认为是由心识断定，那不合理。为什么呢？此心识是缘于相状，而涅槃无有少许相状，为此并非由心识能得见。智慧也不能享用，因为智慧必然是缘于空性，它也是无生的自性，所以如何能以无有的自性认定涅槃既非有实法也非无实法呢？因为智慧是超离一切戏论的自性。为此，谁也不能现证涅槃既非有实也非无实。既然不可现证，不可明示，不可执取，那说它如是就不合理。

如同涅槃四种分别在一切情况下均不可能一样，证悟涅槃者如来也不可能有这些分别，下面说明：

如来灭度后，不言有与无，

亦不言有无，非有及非无。

前文中已说过："邪见深厚者，耽执有如来，如来寂灭相，分别有亦非。"如来涅槃以后是有是无，不可见，由于有无二者不存在，所以二俱也不可得，无有二俱，非俱也不可得，不可认定。不仅出有坏佛陀灭度后四种情况均不可见，而且：

如来现在时，不言有与无，

亦不言有无，非有及非无。

关于如何不可见的道理在《观如来品》中已阐述。

为此：

涅槃与世间，无有少分别，

世间与涅槃，亦无少分别。

世尊在世时，也不可说有等，涅槃后，也不可说有等，为此轮回与涅槃二者相互无有少许差别，因为如果分析，则自性均等同。世尊所说"诸比丘，生老死之轮回，无始无终"也是指这一点，因此轮回与涅槃无有差别合理。

涅槃之实际，即为世间际，

如是二际者，无毫厘差别。

由于涅槃与轮回无有差别，故不仅前际后际无有差别，而且：

灭后有无等，有边等常等，

诸见依涅槃，未来过去世。

以上这些也是真如的缘故均不合理，因为轮回与涅槃二者也是于自性寂灭中一味，由此可知佛陀灭度后为例的见解。如此如来灭度后有、如来灭度后无，如来灭度后既有也无、如来灭度后非有非无，这四种见是将涅槃执为殊胜。

有边等四种见解：世间有边、世间无边、世间既有边也无边、世间非有边非无边，这四种见是依于后际而运用的。我与世间，未来世不生。如果分别世间有边，是依于后际。同样，未来世可见而称世间无边、未来世既见又不见就成了分别世间既有边也无边，遮破二俱而分别世间非有边非无边。世间常、世间无常、世间既常也无常、世间既非常也非无常，这四种见是依于前际而形成。我与世间，过去世可见就成了分别世间常有，不见则成分别世间无常，以见不见而成了分别既常也无常，以非见也非不见而成了分别世间既非常也非无常。这些见解如何合理呢？假设有实法有个自性存在，那么可观察它是有实与无实而有这些见。何时轮回与涅槃都无有差别，那么当时：

一切法空故，何有边无边，

亦边亦无边，非有非无边？

何者为一异，何有常无常，

亦常亦无常，非常非无常。

应当了知，如果认为以上十四种无记法也无有有实法的自本体，那不合理，增益有实法的自本体，由离没离开它而产生这些见解，由耽著这些见解而阻塞了走向涅槃城之道，并且感受轮回的痛苦。

对方说：假设你们连涅槃也破，那么出有坏佛陀随应无量众生蕴行无误通达众生之意乐自性，以大悲依他起为令众生获得出世涅槃而宣说相应行的对治法，就成了无义。

解说：假设所谓的法或者听闻者的众生或宣说者的佛陀出有坏存在，那么就成了如此，可是诸佛并没有这样宣说，由此对我们来说怎么会有你们所说的过失呢？

诸法不可得，灭一切戏论，

无人亦无处，佛亦无所说。

寂灭一切戏论相状，不流转，就是涅槃，寂灭本身就是寂灭，因为自性寂灭。或者，因为寂灭了言词，寂灭了分别。或者，不生一切烦恼故是寂灭戏论，不产生故为寂灭。或者，由于断除了烦恼故是寂灭戏论，永远灭除无余习气故是寂灭。或者，不缘所知的缘故是寂灭戏论，不缘能知的缘故为寂灭。如此佛陀出有坏如鹅王借助风力翱翔虚空，或者虚空非是一切的缘故风依于虚空。同样，涅槃以寂灭一切戏论、不住、寂灭之本体而安住。不缘一切相状，无论如何佛陀于天境或人间都没有为天人、人宣说一句染污或清净之法。如《圣如来秘密经》中云：“寂慧，从某夜如来现前圆满无上正等菩提而成佛至某夜无取而涅槃之间，如来未曾说一句法，不将宣说。”又云：“一切无文句，本寂无垢空，谁知法如是，彼谓童子佛。”

有人会问：假设佛陀于何处对谁也不曾宣说过任何法，那么我们为何会见到丰富的经典呢？

答：所谓世尊对我们宣说这些法，这是由具有无明痴眠如梦者自己分别妄念中产生。如世尊言："如来无有漏，善法如影像，真如无如来，见诸世间影。"这一点在《如来秘密经》中有广说。因此，为涅槃而说法并不存在，又岂能有因说法而有涅槃？为此，"无有涅槃"成立。世尊也说："涅槃本无有，世怙示涅槃，于虚空打结，虚空本解开。"经中云："世尊，并非是了知生灭之法而成佛。世尊，也不是由了知轮回是有实法而超离轮回。何以故？所谓涅槃，寂灭一切相状，灭尽一切分别。世尊，善说之法调化凡愚，由出家堕入外道见之彼等如芝麻中出芝麻油，乳汁中出酥油般，从有实法中寻觅涅槃。世尊，一切法均是涅槃，而寻觅涅槃之彼等增上慢者，是外道。世尊，真实趋入瑜伽行，不行诸法生灭，不寻觅获得与现证诸法。"其中作了广说。

月称论师亲造《显句论》· 第二十五观涅槃品释终

第二十六　观十二缘起

他宗说：如果说“众因缘生法，我说即是空，亦为是假名，亦是中道义”就是所谓空性即是缘起。一方面说：“若人能现见，一切因缘法，则为能见苦，亦见集灭道。”懂得了缘起，所以再讲其分支类别：

众生痴所覆，为后起三行，

以起是行故，随行入六趣。

无明就是不了知，黑暗遮障如实真性。被无明遮蔽覆盖的有情，为了后有，就是为了转世，投生后有而现行生起善等心。那些行再现行后世，因此为行。行有三种，即善行、不善行与不动行。或者指身语意行。被无明遮蔽的人，行持具业法相的三行，现行的缘故为行业，具有业的名称，依靠这种因产生而趋于六趣。

其后：

随诸行因缘，识受六道身。

有情造作、积累行的识，具有行之因，成为无义轮回的种子，随应于行而流转、投生于天等六趣。

其后：

以有识著故，增长于名色。

由业与烦恼熏染而牵到生处，故是名。或者，意义随名称所转的缘故为名，非有色的四蕴称为名。由于可以破析故为色，它是可损害的别名。此色与前面的名二者综合起来安立谓名色。以色与影像的方式，在最后死亡的诸蕴灭尽时，仅于一刹那以秤杆之高低的方式，生处的诸蕴依靠业如实招引而投生。所以，识于母胎中昏厥，具有识之缘的名色就得以形成产生。假设众生心识不昏厥，那么当时就不能产生名色。如经中云："阿难，设若心识未入母胎，则彼时凝酪不能成凝酪。"

为此：

名色增长故，因而生六入。

能产生痛苦的缘故，依靠生门的有实法，产生具有名色之因的眼耳鼻舌身意六处，以眼见色法而于悦意处贪执等。六处是产生痛苦的生门，所以这样形成了六处。

其后：

情尘识和合，而生于六触。

触如何产生的，下面说明：眼、色与作意相应成为与对境等不相符合之心识的种子，依靠等无间缘而产生眼识，眼与色处是色，作意具有四蕴的法相为名，所以依靠这三者产生的眼识是依于名色而生。为此，根、对境与心识三者聚合，一起产生，相辅相成，相应趋入，那就是具有接触法相的触。

其后：

因于六触故，即生于三受，

以因三受故，而生于渴爱。

由触产生受，由悦意、不悦意的对境而有相反的领受，由认知对境的感受，所以是受，称为受。受有乐受、苦受、不苦不乐的舍受，依于具足色、识、眼根三者聚合法相的触，而称为是受。同理可知也说明了具有剩余根、境、识三者聚合法相之触因的受。

其后，由受为缘产生爱，成为集。爱具有受的缘，它依靠受之缘。

若问：爱是什么的有境呢?

答：是受的有境，为什么呢?因为有爱者，是为了受而爱，也就是为了受生起贪欲的意思。是怎样的呢?假设生起乐受，就会为了不再与之分离而爱。如果生起痛苦，那么当时为了离开它而爱。如果生起非苦非乐的舍受，那么为了不失去它而爱，由此可见是为了受而爱。

因爱有四取，因取故有有，

若取者不取，则解脱无有。

如是耽著爱恋受，具有爱的缘，从中增长产生近取。所谓的近取有见近取、我近取、戒近取、我语近取四种，是能生执著者。那个近取者依靠近取的缘产生有。为什么呢?假设近取者对受不产生爱，依靠妙观察力不爱恋据为我所，断除四种近取，现证无垢的无二智慧，从而无有近取，那么他就会解脱，而不会再有它的转世。

从有而有生[1]，从生有老死。

从老死故有，忧悲诸苦恼。

“有”又是什么呢？“有”就是五蕴，由近取中产生，应当了知它是五蕴的自性。身语意业也均是由此产生未来的五蕴，所以称为有。其中身语业是色蕴的自性，意业是五蕴的自性，由此可知“有”就是五蕴。产生未来的五蕴就是生，它也是由“有”产生。

其后，由生的因产生老死等，关于这些应当按照经中所说了知。“老”是蕴完全成熟。“死”是老的蕴毁灭。“忧”是去与死时的愚昧贪执的苦恼心。“悲”是以忧恼引发的言语。“苦”是指损害五根。“不悦”即心里不快乐。“恼”是指生起诸多苦楚与不悦意。

所以这般解说的道理：

如是等诸事，皆从生而有。

但以是因缘，而集大苦阴。

“但以是因缘”意思就是依靠因缘的力量。“苦阴（苦蕴）”是指痛苦的聚合体，是苦聚的别名。“但”的意思是说原本远离我与我所的自性，但仅是凡夫妄加分别痛苦本性与安乐不混杂。

因为由无明等产生一切有支，所以：

1 “从有而有生”，在藏文版本中，后面还有一句“有者即五蕴”。

是谓为生死，诸行之根本，

无明者所造，智者所不为。[1]

识等流转轮回的根本，主因就是诸行，所以无明愚者造作轮回的根本诸行。世尊也说："诸比丘，随无明之士夫，亦现行诸福德行，亦现行非福德行，亦现行不动行。"因为无明愚痴者是作者，具有无明的有情是诸行的作者，而智者见到真如而断除了无明，并非造作行。为什么呢？因为他们现见了真如。如果见到真如，那么就不缘诸法，由于丝毫不缘于任何法也就毫不存在造业的情况，为此见真如的智者不是作者。如果有无明，那么就会产生诸行，因为这两者是无则不生的关系。

以无明灭故，诸行则不生，

若欲灭无明，以智修真如。[2]

由于因不齐全。

那么无明依什么而灭呢？

依靠如实缘取无误真如能断除无明。如此真实现见缘起者，连细微有实法的自本体也不缘，如影像般趋入诸法自性空性。由入于一切法自性空性，也就不会缘少许法。由此无缘就不会有任何愚昧，因不愚昧就不会造业。如此一来，依靠修缘起就可趋入真如。见到真如的瑜伽行者必定断除无明。由断除了无明而灭尽行。

如同由无明灭而使诸行灭一样：

---

1 这一颂在藏文版本中是"轮回根本行，智者所不为，无明者所造，智见真如故"。

2 这一颂在原译中无有，依藏文而译。

以是事灭故，诸行则不生。

但是诸苦阴，如是而正灭。

应当了知，假设缘起的前前支灭尽，那么后后支就会灭尽。依此次第，瑜伽行者的苦蕴苦聚我与我所等，由于离开了非真实见，离开了作者与受者，自性空性而不复产生，因此真实灭尽。如《稻秆经》中云："如是内二缘起生。何为二？与因相系、与缘相系。内缘起以因相系而生是为何者？由无明之缘生诸行，由行缘生识，由识缘生名色，由名色缘生六处，由六处缘生触，由触缘生受，由受缘生爱，由爱缘生取，由取缘生有，由有缘生生，由生缘生老死、忧愁、哀号、痛苦、不悦意、烦乱。如是唯生大苦蕴。设若无明不生，则诸行不现。如是若生不生，则至老死之间不现。但若有无明则形成诸行……有生则形成老死。无明亦不作是想'我现成办诸行'，诸行亦不作是想'我等由无明形成'……生也不作是想'我形成老'，老死也不作是想'我由生形成'。然若有无明则现成诸行……有生则现成生起老死。观为与因相系。如何观内缘起与缘相系？六界聚合故，谓六界是聚合，如是地水火风空与识界聚合中内缘起观为与缘相系。内缘起之地界为何？此聚合能形成身之坚硬法，此名地界；能起摄集身体作用，此名水界；能消化身体之饮食、调味，此名火界；能起身之呼吸运行作用，此名风界；能令身内有空间，此名空界；以三角架之式形成名色，五识聚和合及有漏意，名识界。无有彼等缘则不生身体，而内地界齐全，如是水火风空识界亦齐全，一切和合而形成身体。地界不作是想'我聚合成办形成身体坚硬事'；水界亦不作是想'我起摄集身体之作用'；火界亦不作是想'我消化身体之饮食、调味'；风界亦不作是想'我起身体呼吸运行作用'；空界亦不作是想'我令身内有空间'；识界亦不作是想'我形成身之名色'；身亦不作是想'我由此等缘产生’。然有此等缘，则生身体。地界，非我、非众生、非命、非生者、非力生、非力者、非女非男非黄门，非我，非我所，亦非他。如是水界火界风界空界识界亦非我、非众生、非命、非生者、非力生、非力者、非女非男非黄门，非我非我所，亦非他。无明为何？于此等六界起一体想、整体想、常有想、坚固想、永恒想、安乐想、我想、众生想、命想、生者想、育者想、人想、补特伽罗想、力生想、力者想、我想、我所想，如此种种不知此等，此名无明。有无明则于对境起贪嗔痴，于诸对境贪嗔痴，此乃以无明之缘有诸行。觉知各法，乃为识。与识俱生非有色近取四蕴是名，四大种与以彼等为因是色，名与色合一即是名色。依于名色之诸根是六处。三者聚合是触。领受触是受。耽著受是爱。爱增长是取。由取产生形成后世之业，是有。由彼因生蕴，是生。从生成熟蕴，是老。从老至坏灭，是死。死与沉迷及贪执之内逼恼，是忧愁。由忧愁口出言语是哀号。五识聚相应之意苦受，是苦。与意相应之意苦，是不悦意。复次此等随烦恼，彼等名烦乱。大黑暗故为无明；现行故为诸行。了知故为识；相互依存故为名色；生门故为六处；相遇故为触；领受故为受；渴求故为爱；近取故为取；生起转世故为有；产生蕴故为生；蕴成熟故为老；坏灭故为死；令忧伤故为忧愁；口中发出悲声故为哀号；损害身体故为苦；损害心故为不悦意；烦恼故为烦乱。或者，不悟真如颠倒了知，不知是无明。如是若有无明，则形成三行，行福德行、行非福德行、行不动行。由行福德之诸行形成行福德之识，由行非福德之诸行形成行非福之识，由行不动之诸行形成行不动之识，此名为识。由识之缘形成名色，受等非有色四蕴与有相系故为名，与色蕴并存故为色，合谓名色。名色增长由六处之门行事，彼依名色之缘故谓六处；由六处生六触，彼依六处之缘故谓触。如生触般生受，彼依触之缘故谓受。受之差别领受欢喜、增上贪执、由增上贪执而趋入，彼以受缘有爱。领受与欢喜，增上贪执，由增上贪执而住，思维我清净本体、不离安乐本体。为不舍弃而希求，此谓以爱缘而有取。于何法有爱，积累成办彼法故取近取，愿求彼者，如是愿求，再生转世之身语意业引发彼即以取缘而名有。由彼业所生之诸蕴形成，彼即以有缘而名生。形成生之诸蕴增上成熟，坏灭，彼即以生缘而名老死。如是缘起十二支，由他因生，由他缘生，非常非无常，非有为非无为，非无因非无缘，非有领受者，从无始时相续不断如河流相续般随转。此等缘起十二支，虽由他因生，由他缘生，非常非无常，非有为非无为，非无因非无缘，非有领受者，非尽非坏法，非灭法，从无始时起相续不断如河流相续般随转。然此等四支摄集缘起十二支故成为因。何为四支？无明、爱、业与识。识作为种子自性之因，业作田地自性之因，无明与爱作为烦恼自性之因，以业与烦恼产生种子识。业起种子识田作用。爱起湿润种子识作用，无明播下种子识。若无此等缘，则种子识不生。业亦不作是想‘我起种子识之田作用’；爱亦不作是想‘我润育种子之识’；无明亦不作是想‘我播下种子’；种子识亦不作是想‘我依此等缘所生’。然种子识依于业之田、爱之湿性润育，无明播撒而生，彼于生处结生，即于母胎形成名色之芽。名色之芽非自作非他作，非共作，非自在天作，非以时间转变，非由自性生，非依一因所生，亦非无因生，然父母相遇、有月经及他缘聚合时，无我之法，无有我所，无有执著，如同虚空，幻术之相自性，因缘无不齐全故，于彼生处结生，于母胎中具品味之种子识形成名色之芽。眼识由五因而生，何为五因？依于眼，亦依色、明、虚空、生彼之作意生起眼识。眼起眼识所依作用；色起眼识所缘作用；明起明现作用；虚空起无碍作用；生彼作意起意乐作用。若无彼等缘，则眼识不生，内处眼无不齐全，如是色、明、虚空、生彼作意无不齐全，一切聚合而生眼识。虽然眼根不作是想‘我作眼识之所依’，色亦不作是想‘我作眼识之所缘’；明亦不作是想‘我作眼识之明现’；虚空亦不作是想‘我起眼识无碍作用’；生彼作意亦不作是想‘我起眼识之意乐作用’；眼识亦不作是想‘我依此等缘所生’。然有此等缘，则生眼识。如是亦可类推剩余诸根。虽任何法不由此世迁移到彼世，然因缘无不齐全故亦现业果。譬如，洁净明镜中映现容颜，容颜未曾迁移至镜中，然因缘无不齐全故亦明现容颜。如是由此世死谁亦无迁移，亦于他处不生，然因缘无不齐全故亦明现业果。譬如，月轮于四万由旬上方运行，盛满水之小器中亦映出月影，然月轮未从彼处迁移，亦未至盛满水之小器中，但因缘无不齐全故月影亦明现。如是，何人死亡未由此迁移，未于他处生，然因缘无不齐全故亦明现业果。譬如，火若因缘不全则不燃，因缘聚合则燃。如是诸法，无我之法，无有我所，无有执著，如同虚空。幻术之相自性，因缘无不齐全故，于彼生处结生，于母胎中种子识亦形成业与烦恼所生之名色芽，当观五内缘起。何为五？非常、非断、非移、小因生大果、相同相续。如何是非常？最终死亡之诸蕴是他法，属转生之诸蕴亦是他法，最终死亡之诸蕴非属转生分，最终死亡之诸蕴已灭，彼时产生属转生分之诸蕴，故非常。如何非断？最终死亡时之诸蕴非由先灭中生属转生分之诸蕴，亦非由不灭中生，而是最终死时之诸蕴已灭，彼时如秤杆之高低般产生属转生分之诸蕴，故亦非常。如何非移？不同类众生不转生于同类之生处。故亦非移。如何小因生大果？造小业能成熟感受大果报，故小因中生大果。如何造受业如是领受受异熟，故相同相续。”其中作了详细宣说。

月称论师亲造之《显句论》·第二十六观十二缘起品释终

第二十七 观邪见品

若问：经中提及“如实真正见到这样的缘起，不依于前际，也不依于后际”，依前际是什么？后际又是什么？如何不依？为了说明而于此阐述。观待现在我的有实法，过去世称为前际，生世接连辗转的前部分为前际。不依于它，就是以清净见不缘取，如实安住缘起真如的同时现见，为此于安住他相之法不执著为他相。八种见是缘于前际而运用：

我于过去世，为有为是无，

世间常等见，皆依过去世。

就是那些的意义，或者是安立二见表示的意义。此等见有四种，即我于过去世生、未生、既生也未生、非生非未生。这四种见是依于前际。此外，还有按前文中所说的四种，即“世间常等见，皆依过去世”。后面的这四种见与前面的四种见虽然无有大的差别，但依于少许差别另行列出。所谓的“世间常”是指过去时出生，此外无有大差异，世间常的四见，总的依于前际，过去时出生否，是指唯一我从前际而言，不是从后际而言。同样其他见解也要说明差别。如此八见是依于前际。前际与缘于它的见解一起已经解说完毕。

现在宣说后际，观待现在我的有实法，未来的身体称为后际，生世接连辗转的后面部分是后际，不依于它是指以清净见不缘取，如实安住缘起真如现见而于安住他相之法不执为他相。

八种见缘于后际而运用：

我于未来世，为作为无作，

有边等诸见，缘依未来世。

于此，也是安立两种见解为主的意义。这些见解有四种，即我于未来时将生、不生、既生也不生，或于未来世非生非不生，这四种见解是依于后际。

若问：只有那四种见解依于后际吗？

答：并不是，还有什么？还有世间有边等依于后际的四种见解。有边等四种见解总的依于后际而运用。我于未来时将出生，是指唯一我依于后际而运用。要通达那是两种四类见解的差别。

下现说明缘于前际的第一类四种见解如何不可能存在：

过去世有我，是事不可得，

过去世中我，不作今日我。

假设过去诸世中已经出生的我现在还存在，那么在过去世我到底出生了吗？如此以理分析，那是不可能的，否则我就成了常有。常有的法不会流转，否则作为一个众生也会由种种众生所摄。假设认为前世成为地狱等处的众生，现在转生成人，所以我曾经成为地狱众生。那是不合理的，如何不合理呢？这样一来，就成了是人的同时也是地狱等众生。

若问：经中记载：“我曾于彼时成为众敬转轮王。”那如何理解？

答：应当了知此经是为了遮破他体，而并不是说一体，因此是说当时不是他体。

若问：假设真是这样，那么前世的我与现在的我就成了一体，如此有什么过失呢？

答：“则成常有”已经说明了过失。

即便如此还是要讲解：

若谓我即是，而身有异相。

假设前世的我是现在的我，那么就如同前世的阶段一样近取者无有异相的缘故，五蕴法相的近取也不该有异相，但我的近取并非无有不同相。那是什么呢？近取绝对有不同相，因为近取的因不同、时间不同。由于近取不同，所以说前世的我是现在的我不合理。

若想：虽然近取有不同，但我是一个，由于我无有异体故我过去世出生也存在。

驳：

若当离于身，何处别有我？

假设近取与我互为他法，那么近取虽然不同但我没有他体，这样一来，就不能说“这是我，这是我的近取”它们是异体，否则与近取异体之自性的我就成了无因，而且应成各自都可得。因此不能说除近取以外有我，也不能妄加分别说虽然近取是他体但我不是他体。

有些人认为：虽然除近取外无有我千真万确，但那是将近取假立为我。

驳：那也不合理。下面说明：

离身无有我，是事为已成，

若谓身即我，若都无有我。

下面说明近取如何不是我：

但身不为我，身相生灭故，

云何当以受，而作于受者？

近取五蕴就是近取，它是每一刹那都在生灭，我并非是每一刹那生灭。不能说我与蕴是一体、他体等，也不能说是常有、无常，否则有许多过失。如果认为我是常有，就成了常见派，如果认为我是无常，就成了断见派，我也不是所谓的“既常也断”，所以不该承许。为此，近取本身就是我的说法不合理。

此外，“云何当以受，而作于受者？”于此是所受，受是指所作，是业，那就必定要有取受者取受。假设承许近取是我，那么取受本身就成了近取者。这样一来，业与作者就是一体，断者与所断、瓶子与陶师、火与薪等一切都成了一体，那是谁也不曾见过或者说不合理。为了说明这一点，作者讲道：“云何当以受，而作于受者？”意思就是说上述观点永远不可能合理。

对方说：虽然近取是我不合理的确真实，但近取者与近取是他体。

驳：这也不可能。

若离身有我，是事则不然，

无受而有我，而实不可得。

假设我与近取是他体，那么就像瓶子以外的氆氇一样离开近取就有可得的异体我，可是这一点并不可得。为此，意思是指与近取异体的近取者也不存在，如空中鲜花一样与近取异体的我不可得。

现在总结所说之义：

今我不离受，亦不但是受，

非无受非无，此即决定义。

由于有近取与近取者成一体的过失，应成生灭的缘故我不是近取的自性，由于有我不观待近取而可得的过失，我与近取蕴也不是他体。由于会有不观待近取而可得我的过失，我也不是无近取。

若想：那就是无有我了。

答："无者亦不定"。为何依蕴安立也不存在呢？本不存在的石女儿并非是依蕴安立的。有近取的同时无有近取者的说法怎能合理呢？所以，无者也不合理。为此，认为无我的决定性也不合理。有关我的安立详细内容当从《入中论》中了解。本论前面也时时作了分析，在此不作繁述。如此"过去世生”的说法不合理。

现在说明过去世未生如何不合理：

过去我不作，是事则不然，

过去世中我，异今亦不然。

假设现在的这个我与前世的我是他体，那么就是说我于过去世没有出生，那也不可能，所以我在过去世没有出生也不合理。

若问：假设现在的这个我与前世的我是他体，有何过失呢？

答：

若谓有异者，离彼应有今。

我住过去世，而今我自生。

假设现在的这个我与前世的我是他体，那么就不存在舍弃前世的我而观待他，结果就成了不具有其因的法。

再者，假设现在的这个我与前世的我是他体，那么由于是他体故就如同造瓶子时氆氇不毁灭一样，我在后世出生时前世的我也不泯灭。它不灭的缘故前世转生为天人、人等，前世的色形等可见的行相将一直如是存在，前世没有死亡还会生于现今，转为人，以前天人等的我还依然存在。可事实上，前世的我并不存在了。所以，过去世不生的说法不合理。

对方说，你们声称“若谓有异者，离彼应有今”，假设没有前世的我而产生现在的这个我，那有什么过失呢？

答：有许多过失，为何有许多过失呢？原因是：

如是则断灭，失于业果报，

彼作而此受，有如是等过。

假设现在的这个我是在前世的我不存在的情况下产生，那么前世的我已灭的缘故，现在的这个我唯一是他法出生，所以前世的我就成了断灭。如果那个我断灭，则业果就断灭，由于断灭也就无有受者故就绝对失毁了果报。

如果认为：前世的我造的业果，后世的我感受。那么就成了他者造的业果由另外的他者感受。为此，就不承认所谓“若未造作业，未造遇生畏”。

再者，假设现在的这个我与前世的我是他体而生于此，那么就是说以前没有出生后来出生，那也不合理，下面说明：

先无而今有，此中亦有过，

我则是作法，亦为是无因。

假设我前世没有出生而后世出生，那么当时我就成了所作，事实上也不承许我是所作。否则应成无常。由于与其能立异体的作者不存在，所以我是所作又怎能合理？如果认为我是所作，那么轮回就有初始，以前没有的众生也将出生，可事实并非如此。所以，我也不是所作。此外，“生亦成无因”，如果我由未生中产生，那就绝对成了无因的法，因为前世的我不存在，无有作者，就成了无因。“亦”字是说不承许我是所作法或者过去世未生的说法；或者承许我产生成无因或者过去世未生的说法不合理。

现在总结所说之义：

如过去世中，有我无我见，

若共若不共，是事皆不然。

所说的道理，过去世中生的见解与过去世中未生的见解均不合理，由于这二者都不存在故过去世中既生亦不生也不合理。为什么呢？生与未生二者聚合就称为共，那么由于各自分开不存在，又怎么能有它们聚合呢？为此二俱也不存在。由于既生也不生不存在故又怎会有遮破它们的既非生也非不生？为此非生非未生也不合理。

宣说完依于前际的四种见解不可能存在，现在讲遮破依于后际的四种见解：

我于未来世，为作为不作，

如是之见者，皆同过去世。

如同遮破过去世四种见解一样，也已说明遮破未来世的四种见解，以替换来进行遮破。如此，“未来世有我，是事不可得，未来世中我，不作今日我……”均可依靠同等理遮破类推。如是，“未来我不作，是事则不然，未来世中我，异今亦不然……”颂词里的“过去世”替换成“未来世”，也可类推遮破他体。

现在遮破常等依于前际的四种见解：

若天即是人，则堕于常见，

天则为无生，常法不生故。

有些人趣的众生造善业后转生到天趣，假设那个天人就是原本的人，二者成了一体，那么就成了常有。天人是人之说也并不是事实。为此，无有常有。此外，若是声称常有，则天人就没有生。为什么呢？因为“常有无生故”，常有的法存在就不会有产生，所以天人就成了不生，天人未生也不合理，因此常有不合理。

现在说明无常如何也不可能：

若天异于人，是即为无常，

若天异人者，是则无相续。

假设天人与人是他体，那么如同芒果树不是山豆根的因一样，天人就不是属于人的一个相续。为此，前世的毁灭就成了无常。如果天人与人是他体，那么就无有相续流转，可是天人与人属于一个续，相续流转是存在的，因为有无因的过失，所以天人与人不是他体，因此也不存在无常。

现在遮破既常也无常：

若半天半人，则堕于二边，

常及于无常，是事则不然。

假设此处的人一部分舍弃人，一部分不舍弃人，一部分受生为天人身，那么一部分就成了无常，一部分安住就成了常有，因为一方面以天趣众生真实所摄，一方面作为人，那不合理，为此是既常有也无常（二俱）不合理。

现在破非常非无常见：

若常及无常，是二俱成者，

如是则应成，非常非无常。

假设有少许常有，那么后来见到无常，就成了不是常有。同样，假设有少许无常，那么后来变成常有就成了不是无常。如果常与无常不成立，那么怎会有遮破它们的非常非无常呢？为此，既非常也非无常（非俱）的观点不合理。

如果认为：轮回的相续从无始以来生死接连辗转运行的次第不间断，这一点可得，如此漂泊于无始的轮回仍然可得，常有的实法存在，应当认为常我是他法。

驳：那也不合理，为什么呢？

法若定有来，及定有去者，

生死则无始，而实无此事。

假设我或诸行从他处去往某处而来到其他趣，从其他趣再去往某趣，轮回就成了无始。从何而来不存在，因为常与无常者来均不合理。由此去往某处也不存在，因为常与无常者去均不合理。既然来去不存在，那么生灭接连辗转，极其漫长，初始不可得，轮回怎能成了无始？由于轮回者不存在，故轮回又怎么会有初始呢？既然没有初始，漂泊轮回仍然可得的常法存在之说显然不合理。

因为依靠如是所说的道理：

今若无有常，云何有无常，

亦常亦无常，非常非无常？

如此常法不存在，依靠常有才有无常，常与无常不可得，因此又岂能有既常有也无常（二俱）、既非常有也非无常（非俱）呢？如此常等四种见解于前际不可能有。

现在说明有边无边等四者于后际如何不可能有：

若世间有边，云何有后世？

若世间无边，云何有后世？

假设世间有边，灭了以后就不存在，那么就成了无有后世，可是后世是有的，为此说世间有边不合理。再者，如果世间无边，又怎么会有后世呢？就成了无有后世。但事实后世是存在的，因此世间也不成立无边。

现在说明世间既有边也无边如何不可能：

五阴常相续，犹如灯火焰，

以是故世间，不应边无边。

因为诸蕴的相续因果之法前后相联无有间隔，次第不断流转，每一刹那坏灭，如同灯火一样运行。为此因果的运行可见，所以既有边亦无边也不合理。

若问：如何不合理？

答：

若先五阴坏，不因是五阴，

更生后五阴，世间则有边。

假设前世人的蕴坏灭，不会依靠它转生天趣所摄后面的蕴，那么就如同芝麻油与灯芯已尽熄灭的灯一样世间成了有边。可是后世的身体会产生，因此并非有边。

若先阴不坏，亦不因是阴，

而生后五阴，世间则无边。

如果前世的蕴不坏灭，也不依靠它产生后世果的蕴，那么由于没有失去自本体故世间就会成无边，不毁坏，但实际前世的蕴灭而产生它的果后世的蕴，前世的蕴不复存在，轮回怎么会成为无边呢？

现在说明第三种情况既有边也无边不存在：

若世半有边，世间半无边，

是则亦有边，亦无边不然。

假设前世的蕴一部分毁灭一部分前往他趣，那么世间就成了既是有边也是无边，可是“一部分毁灭一部分不灭”的情况也不存在。所以，世间既有边也无边的这一说法不合理。

下面说明一方面毁灭一方面安住不合理：

彼受五阴者，云何一分破，

一分而不破？是事则不然。

如果认为一部分毁灭一部分安住，那么是认为近取者一部分毁灭一部分安住还是近取一部分毁灭一部分安住？如果说是近取者一部分毁灭一部分安住，那不合理。为什么呢？因为，“彼受五阴者，云何一分破，一分而不破”。这里认为一部分毁灭一部分不毁灭也没有理由。为此，没有合理性，龙树菩萨说“是事则不然”。或者，所谓近取者是我，对它以五相探寻，那么蕴是不存在的，既然蕴不存在，那又怎会有一半破灭一半不破灭呢？所以说“是事则不然”。再者，假设近取者一半毁灭一半不毁灭，那当时是一个近取者，就成了一部分变为天人，一部分变成人，这种情况是谁也不会承认的，因此说“是事则不然”。由此可知，近取者既有边也无边不合理。

现在宣说近取如何不存在：

受亦复如是，云何一分破，

一分而不破？是事亦不然。

近取也如近取者一样来解释。

如此宣说既有边也无边不存在之后，现在说明非有边非无边如何不存在：

若亦有无边，是二得成者，

非有非无边，是则亦应成。

由于所破不存在故能破也不存在，为此，既有边也无边不成立。已遮破完既有边也无边，又怎会存在世间既非有边也非无边呢？如此一来，近取者与近取世俗如影像般的行相，直接也说明了常等见不容有。

接下来宣说何时何地有实法的自性不可得，如石女儿的蓝色与白色般等见解不可能有：

一切法空故，世间常等见，

何处于何时，谁起是诸见？

所有论中均说明一切法是缘起的缘故是空性。为此，诸法是空性，谁会执著？我们依靠什么遮破它们呢？一切法以外有什么常等见解呢？如是对于什么生起这些见解？对于那些见解谁进行遮破呢？不包括在诸法范围的法存在常等，谁生起这些见解，我们又以什么遮破，法或人的一切法以外存在个法吗？以什么原因生起常等见解？所以所遮破的见解生起之因可得的理由于诸法之外有什么？因为一切事物均属于诸法范围，是空性，由于是空性故一切均不可得，“何处于何时，谁起是诸见？”就是谁也不会产生这些见解、在何处也不产生、于何时也不产生、由何因也不产生的意思。如果这些不存在，那么常有就不合理，为此，那些见解不合理。经中也说：“谁以正慧现见真实如实恒常相续无命，真如，无误、无生、无起、无作、无为、无碍、无障、寂灭、无毁、不夺、无尽、非寂灭之自性，真实随见无有、虚无、空虚、无实、病、瘰疬、痛、罪、无常苦空无我，彼不作是念我于过去世出生或于过去世未生，我于过去世作何，我于过去世成如何依于前际。不作是念我于未来世出生或于未来世不生，于未来世作何，于未来世成如何依于后际。此是何者，此为如何，何者，作何，此等众生由何而来，由此死殁前往何处，如是不依。世间沙门婆罗门所有之见，或说我或说人，或说众生或说命，或说善相或说吉祥均可，远离增上动摇，尔时舍弃彼等动摇，了知后断根本，如娑罗树梢般不现之自性，成为后不生不灭之有法，复次具寿舍利子，于菩萨大菩萨慈氏所说随喜赞叹，由从座起而去。”

瞿昙大圣主，怜愍说正法，

悉断一切见，我今稽首礼。

从轮回涅槃断得的所缘险处中解脱，故为法，是诸位殊妙圣者们的法，故为妙法，因为能灭尽所有痛苦而值得赞叹。或者说善妙法即是妙法，妙法缘起无灭无生无常无断无来无去不异不一，寂灭一切戏论，在以悲悯众生、不是求利养恭敬、回报，而唯以大悲心为了断除一切见而宣说的无上无比本师前顶礼。本师尊名为何？瞿昙，于仙人瞿昙种姓中诞生的意思。

月称论师亲造之《显句论》· 第二十七观邪见品释终

依于诸佛的经藏等二谛而宣说的九法，在世人广大行境前真实传播，为了断除贪心宣说的法不能灭尽嗔心，为断除嗔心所说的法也不能灭尽贪心，为尽除我慢等所说的法也不能摧破其余垢染。为此，那些法并非是周遍，并非是大义。为灭尽痴心所说的法能无余摧毁烦恼。诸佛说所有烦恼真实依于痴心，因此现见缘起能灭尽痴心，它就是真如。善逝真实阐述真如是中观道，承许它是能仁法的自性身，那就是说空性，是诸佛之意，是大理证。因为诸佛说这是一切功德之源。因此，佛语具有极其圆满大悲滋润的智慧。诸佛之子具妙慧者龙树如理如实依照佛经恭敬宣说中观的主体。没有证悟甚深如来教的任何人，依靠它可以证悟。为了遮破抛开能仁王佛语而想另行传讲真如以及智慧低下者讲佛经，才造了遣除二边的此论。

罗睺罗贤、龙树一脉相传的圣教，圣天也跟随其语长久开显其宗风。他的弟子具有辨别决定其论的智者们也无余击败外道，长期传讲佛法。往昔有人来索要龙树菩萨的头，他以悲心砍断自己的头而施予那人后前往极乐世界。其后他所造的论典及其弟众在很长时间衰落。杲日沉落，当今开显宗义者也不复存在。如此大多数世人仅仅了知以分别念所造的相似义，远离正道，饮了寻思之酒而迷醉，离开了遍知佛陀所说的真如并心烦意乱之际，刹那去除怀疑而证悟空性的具缘者，斩断有实法束缚所困之宗锁链缠缚，越过畏惧，跳出有实法的樊篱。虽然观待有大智慧的众生野兽我无有此功德，是当代的愚者，只是为了摧破除此外的其他论典，我造了此注释。长期精进认真参阅了《经集论》《中观宝鬘论》《法界赞》以及圣者论典中的名句，《六十正理论》《研磨论》《回诤论》《七十空性论》《四百论》等及诸多甚深经藏、佛护所造的注释，又详细分析清辨论师的善说，一脉相传的法理，将从中所得综合起来，为令诸大智者欢喜而真实宣说。在能摧毁伺察寻思的诸位明智者前，不以词句之光芒搅扰真实义而直接阐明。此《显句论》注释，有如月亮一旦升起便能顿时驱散世间怀疑的重重黑暗、依靠教理解释，未搅声律的词句，为在有妙慧者前能证成而恭敬撰写。愿以我所积累空性见解的广大福德，无余断除世间稠见而趋至断绝诸戏论的果位。顶礼本师释迦佛、圆满佛法之诸佛佛子众及彼等所说之法后，于为令佛经成为众生之明目而以大悲心造中观论的龙树菩萨前，我至诚顶礼。

《中观根本慧论释 · 显句论》，由通晓胜乘、具有不被他夺之智悲、从由画中牛挤奶、遣除实执的月称论师撰著圆满。

经典大海搅出甘露器，明示智慧显句珍宝灯，
所积善根祈愿璀璨日，永断稠见趋至离戏空。

印度因明大堪布玛哈色玛德、藏地译师巴擦日称于克什米尔无喻城宝护精舍附近依照克什米尔版本由梵译藏。

后来，克什米尔堪布嘎努嘎巴绕玛与西藏此译师于拉萨小昭寺殿堂根据尼洪东方版本修改抉择。

依诸共称来源著，尔后会有二种语，
依释词义而翻译，公正之士当分析。

2019 年 *1* 月 *29* 日译毕